# ワンルームマンションは8年で売りなさい

後藤 聡志
きらめき不動産

KILAMEKI ONE-ROOM METHOD

クラブハウス

はじめまして
きらめき不動産　代表の後藤 聡志です。

きらめき不動産は、
首都圏の中古ワンルームマンションの
売買の「仲介」を行っている会社です

生活にゆとり
が欲しい・・
将来の年金
が不安・・
少しずつでも、
将来のために
資産を持ちたい！
銀行に預けても
金利はほとんど
つかない・・？

そんな方に、ぜひ首都圏の
中古ワンルームマンション投資をおすすめしたいと思います

# 3 KILAMEKI ONE-ROOM METHOD
ステップのきらめきメソッド

私どもきらめき不動産では・・・

## 1 安く買って

きらめき不動産は転売業者ではありません
売買の仲介手数料のみだから、他社よりも
断然安く買うことができます！

## 2 高利回りで貸して

中古物件だから、高利回りが狙えます
実利平均8～15％も・・人口流入の続く首都圏で
は賃貸需要は旺盛です

## 3 高く売る

売る時にも、お任せください！
出口を見据えた投資で、
資産を守りながら増やしましょう

3ステップのきらめきメソッドを提唱しています

日本の人口は減っているから、空室が不安！
不動産なんて、高くて買えない・・
不動産は売りたい時に売れないのでは？　滞納されたらどうしよう？
値下がりしそう！　借金はコワイ！　地震や火災が起きたらどうするの？

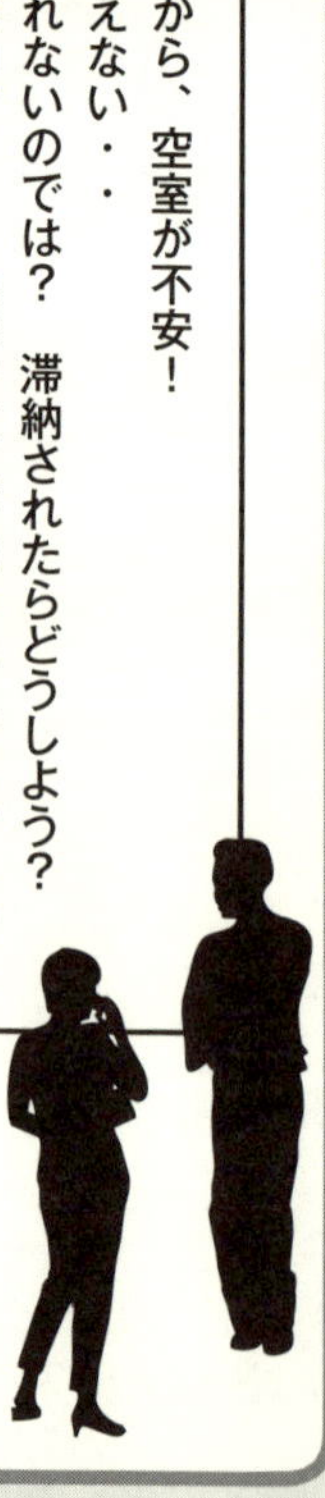

そんな、さまざまな不安をお持ちの方も多いと思います

本書では、いかに首都圏中古ワンルームマンションが
**ローリスク・ハイリターン**であるかを、たくさんの最新データでご説明しています

ただリスクを恐れているばかりでは、将来の不安は消えません

不動産からの家賃は不労所得です
あなたが何もしなくても黙々と家賃を稼ぎ続けてくれます
ローンを使っても、
毎月の収支がプラスであれば、勝手に残債が減っていきます

# 3 KILAMEKI ONE-ROOM METHOD

## ステップのきらめきメソッド

**「何もしていないのに、気が付いたら結構な資産ができていた」**

それが中古ワンルームマンション投資の良さなのです
また、中古ワンルームマンションの活用法は、
単に投資用として貸すだけではありません

もし一人暮らしの人だったら、買って自分が住んで何年でモトがとれるか？ 72ページ
中古ワンルームマンション×マイホームの組み合わせで、住居費が半分に!? 75ページ
中古ワンルームマンションで相続税を大幅ダウンさせることができる！ 157ページ

そんな、多面的なワンルームマンション活用法もご紹介しています
首都圏中古ワンルームマンション投資によって
皆さまの未来がより明るく、きらめくものになりますように・・
本書がその一助になれば、幸いです

## ◆はじめに

私が代表を勤めている「きらめき不動産」は、首都圏の中古ワンルームマンションに特化した不動産取引を行っています。

不動産会社は全国に星の数ほどありますが、ワンルームマンションを専門に扱っている会社はごく限られています。しかも、新築マンションを売るデベロッパーでも、転売差益を狙う転売でもなく、お客様の売買の「仲介」をメイン業務としている会社となると、当社を含めほんの数社しかありません。

なぜこのようなニッチな業態を選んだのですか？　と良く聞かれるのですが、それは、私自身が、首都圏中古ワンルームマンションが、一番安全確実な投資対象だと確信しているからです。

私がこの業界に入ったのは今から6年前、29才のときです。

# はじめに　ワンルームマンションは８年で売りなさい

やや遅いスタートですが、それまでの私は、大学卒業後、オーストラリアに1年滞在したのを皮切りに、旅行会社の添乗員として各国を回ったり、趣味のサーフィン関係のメディア会社に勤めたりと「いかに人生を楽しむか」ということに価値観をおいた、アクティブな生活をしていました。

転機が訪れたのは27才の時です。スノーボードで複雑骨折をして、1年もまともに歩けない状態になってしまったのです。

会社を辞め、当時つきあっていた彼女と結婚して、自宅で療養生活を送ることになりました。

スポーツを楽しみ、世界を旅して人生を謳歌してきた自分です。いわば楽観的な気持ちで毎日をすごしてきました。しかし、いざ動けないほどの怪我をして収入も途絶えてしまうと、これから先どうすればいいのか、将来への不安で頭が一杯でした。

時間だけは沢山ありましたので、毎日毎日、本を読んで過ごしていました。

そして、その中の一冊に、当時ベストセラーになっていた、「金持ち父さん貧乏父さん」（ロバート・キヨサキ著）があったのです。

今まで、投資や不動産の世界には無縁でしたが、働けない状態だった自分には「経済的自由」、「お金がお金を生む」、「不労所得」、このようなキーワードの一つ一つが、切実に胸に響きました。

怪我が治ってからは、まずは「投資」についてもっと知りたいと思い、証券会社に就職しました。そして翌年には「不動産」を学ぶために不動産業界に転職しました。

当時は、国内外の不動産投資ファンドやＲＥＩＴが、不良債権処理で安く売られた東京都心のオフィスビルや、リストラで企業が手放した所有地を次々に買収したため、「ファンドバブル」とよばれる不動産価格の上昇が起こっていました。そして東京の物件が不足すると、ファンドバブルの波は札幌、大阪、福岡など地方大都市にも波及していきました。

# はじめに　ワンルームマンションは８年で売りなさい

このファンドバブルを背景に、停滞していた日本の不動産市場は動き始め、地価は上昇に転じました。

某都銀が土地と建物の積算価格を基準に、サラリーマンにもフルローンやオーバーローンの融資をつけるようになると、積算評価の出る高利回りの中古ＲＣ一棟ものが、投資対象として人気を集めるようになりました。

地域としては、地方都市の方が積算がとれるということで、札幌、名古屋、福岡などの物件が、一億円二億円という値段で、飛ぶように売れていました。

一方、私はその頃、投資用マンションの完全歩合性の営業マンとして働いていました。業務内容は、バブル期に新築でワンルームマンションを購入したオーナーさんから物件を買い取り、新しい買い主を探して売るというものです。

毎日毎日、バブル期の物件を持つオーナーさんを調べてひたすら電話をかけ、

「お困りではないですか？」

「売っていただけませんか？」

と営業をしていると、なんとも切ない気持ちになってきたものです。

バブルから20年。

バブル期の新築ワンルームマンションのオーナーさんに、キャッシュフローがプラスになっている人は一人もいません。

時代が巡ってファンドバブル、プチバブルと再び投資ブームに市場は沸き、投資家が高利回り物件を奪い合っているのに、電話の先にいるバブル期の新築ワンルームマンションのオーナーさん達は、**入居者がいて毎月家賃が入っているにもかかわらず、新築で購入してから20年間、ずっと赤字で、今でも毎月数万円の持ち出しが続いているのです。**

「なぜ毎月損をするような物件を買ったんだろう?」

今の感覚で考えると全く理解ができませんが、当時は「損をした分、税金が安くなる」という節税目的での購入や「積み立て貯金感覚で毎月たった1万～2万

# はじめに　ワンルームマンションは８年で売りなさい

円を負担すれば、退職する頃にはローンが終わって、年金代わりにずっと家賃が受け取れます」といったセールストークがまかり通っていたのです。

また、毎月損を出して節税しながら、「将来物件価格が上がるのを待つ」というキャピタルゲイン信仰も健在でした。

では、なぜ儲からないと気がついた時点でさっさと売らなかったのでしょうか？

それは、元々高かった新築価格が、バブル後に急落したため、「残債＞売却価格」の状態が続き、処分するには差額分の現金が、追加で必要だったからです。

そのようなバブル期物件のオーナーさんとお話していると、流行に流され、よく勉強もせずにハイレバレッジをかけることの危険性を、ひしひしと実感します。

**不動産投資で多額の借金をして失敗をすると、売るに売れず、長年に渡って借金と支払いで苦しむことになるのです。**

そして２００９年。リーマンショックをきっかけに、日本の不動産のファンドバブル、プチバブルもあっさりと弾けました。
今度は、地方の高利回り物件をフルローンで買っていた大家さんたちが、空室や家賃の下落、何ヶ月分もの広告費や高い修繕費などで、窮地に陥っています。

そんな不動産バブルの浮き沈みの中で、**安定して無傷だったのは、首都圏中古ワンルームマンションのオーナーさんたちだけです。**

前オーナーさんが毎月の赤字に苦しんだバブル期物件も、次のオーナーさんにとっては10％前後の利回りを生んでくれる優良資産です。

また、購入価格がバブル期の大家さんの４割以下という安さで、既に下がりきっているので、ここからの下落幅は緩やかです。売却する時にも、購入価格とさほど変わらない価格で売れる可能性もあります。

投資に絶対はありませんが、少なくとも、首都圏中古ワンルームマンション投資であれば、一家離散や破産といった不幸な結末を迎えるほどのダメージを受け

# はじめに　ワンルームマンションは８年で売りなさい

る可能性は、限りなく低いと思います。

こう見ると、バブル期のオーナーさんは本当にお気の毒です。勉強不足といってしまえばそれまでですが、私は、時代も悪かったのだと思っています。

バブルや景気の波は、後からみてああだった、こうだったとわかるもので、その最中にはなかなか判断できるものではありません。

それはプロでも同じことで、プチバブル期に業績を伸ばした新興不動産会社も、リーマンショック後はバタバタと倒産してしまいました。

先の事は、誰にもわからないのです。

ですから、私は現在成功している首都圏中古ワンルームのオーナーさん様にも、ただ漠然と持ちつづけるのではなく、出口として「売却」を考えておいた方がいい、とアドバイスさせていただいています。

なお、本書のタイトルに「8年」と付けたのは、10％前後の利回りで運用した

場合、このくらいの時期で手放せば、ローンを組んでいた場合でも、ほぼ持ち出しなくプラス収支で精算することが可能だからです。

築20年で買った物件であれば、売却時にはまだ築28年です。まだ十分に家賃を稼いでくれるので、次の買い手もすぐ見つかるでしょう。

相場の格言で「頭としっぽはくれてやれ」という言葉がありますが、不動産投資においても、それは当てはまります。投資の目的が老後の年金の補てんだとしても、一生同じ物件とおつきあいする必要はありません。一番美味しい部分だけを頂いて、こまめに利益を確定し、その時々の時代にあった投資対象に乗り換えていった方が、より安全性は高まるように思います。

話は戻りますが、当時私のいた会社では、そのように困っているバブル期物件のオーナーさんに電話をかけ、物件を買い取っていました。これは物件の「仕入れ」です。

そして、その物件に転売利益を乗せ、新しいオーナーさんに販売していました。

# はじめに ワンルームマンションは８年で売りなさい

●中古ワンルーム流通革命

A. 一般的には

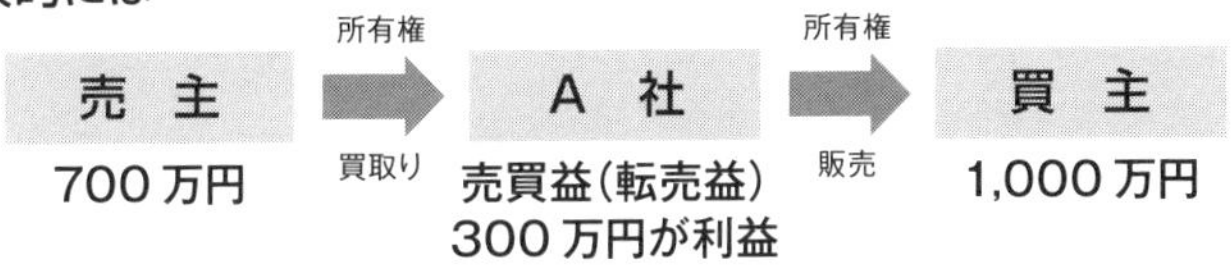


というケースが非常に多いです。

いわゆる転売。この場合、双方にとってメリットが少ない。

きらめき不動産は、

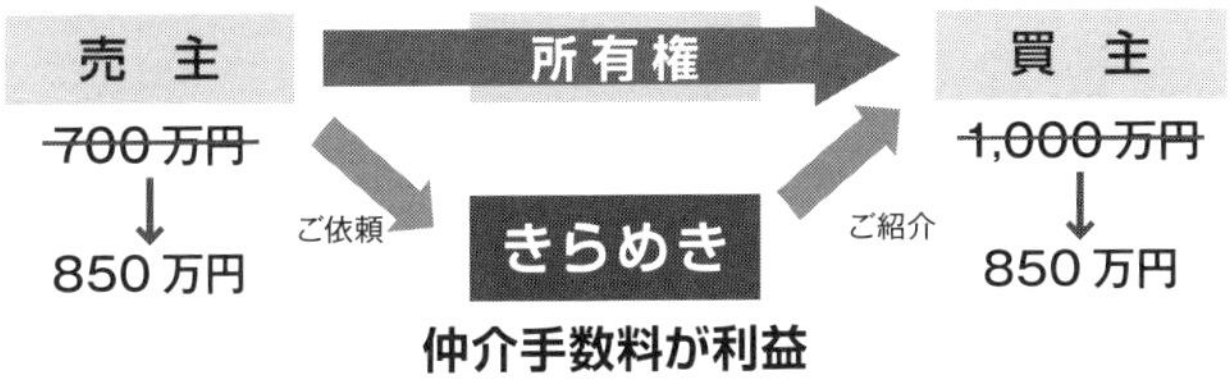


A社の転売益を売主様、買主様へ加えると、売主様は
150万円高く、買主様は150万円安く売買ができます。

いわゆる「転売」です。

しかし、これでは既に損切り状態の売り主さんを買い叩くようで申し訳ない、買主さんに直接売れば、売主さんはもっと多くのお金を手にできるのに…。そのような思いをいつも抱いていました。

そこで、その後独立して立ち上げた「きらめき不動産」では、中古ワンルームマンションの「売り主さんと買い主さんの売買仲介業」をメインの業務にすることにしたのです。

今まで会社の「転売益」にあてていた部分はお客様の利益となり、当社は仲介手数料だけを頂くという仕組みです。

物件に対する情報はもちろん、売主様から買主様へのお金の流れを明確にし、安心していただける売買取引を提供しようと日々心がけています。

# はじめに　ワンルームマンションは８年で売りなさい

おかげ様で、４年目を迎える現在では、売主様から直接、投資用中古ワンルームマンションをお預かりしている数が、神奈川県ナンバー1となりました。

不景気かつ不透明な時代であるからこそ、ローリスク・ハイリターンの「首都圏中古ワンルームマンション投資」を通じて、皆様の毎日、そして未来を、より明るくきらめいたものにしていただきたい……。

そのような想いで、本著を上梓いたしました。

この本が、読者の皆さまが投資で豊かになるための一助になれば幸いです。

きらめき不動産　後藤聡志

# 目次

## 第3章 住居費が資産形成の鍵――57

# 目次

## 第4章 中古ワンルームマンション投資はスタートで決まる！——97

## 第5章 融資の利用で資産形成を加速！——123

# 目次

目次

# 第1章

## ローリスク・ハイリターンの中古ワンルームマンション投資とは

# なぜ今、首都圏中古ワンルームマンション投資なのか？

## ◆震災後、中古ワンルームマンション取引数は過去最高に

現在、日本は未曾有の大不況の真っただ中にあります。２０１１年３月に起こった東日本大震災、そしてそれに付随して起こった福島第一原発の事故は、日本人の生活と経済に計り知れないダメージを与えました。

加えて、政情不安に過去最高水準の円高、雇用不安、増税、年金の支給開始年齢の引き上げなど、聞こえてくるのは暗いニュースばかりです。

日本のみならず、ギリシャやイタリアといったユーロ圏の経済危機を背景に、世界経済は失速し、世界同時株安が進行中です。日経平均株価は八〇〇〇円台半

# 第1章　ローリスク・ハイリターンの中古ワンルームマンション投資とは？

ばを割り込んでいます。

当然、不動産市場も大きな影響を受けました。**２０１１年３月の首都圏中古マンション（主にファミリータイプ）の取引件数は前年比19・2％減。その後年間を通しても大きく減少しています。**

しかし、驚かれるかもしれませんが、このような閉塞的な経済状況の中でも、２０１１年の中古ワンルームマンション（以下、本文中は「中古ワンルーム」と略）の取引数は、過去最高を記録しています。

これは、この不安定な経済状況下、

●2011年の中古ワンルームマンション取引数

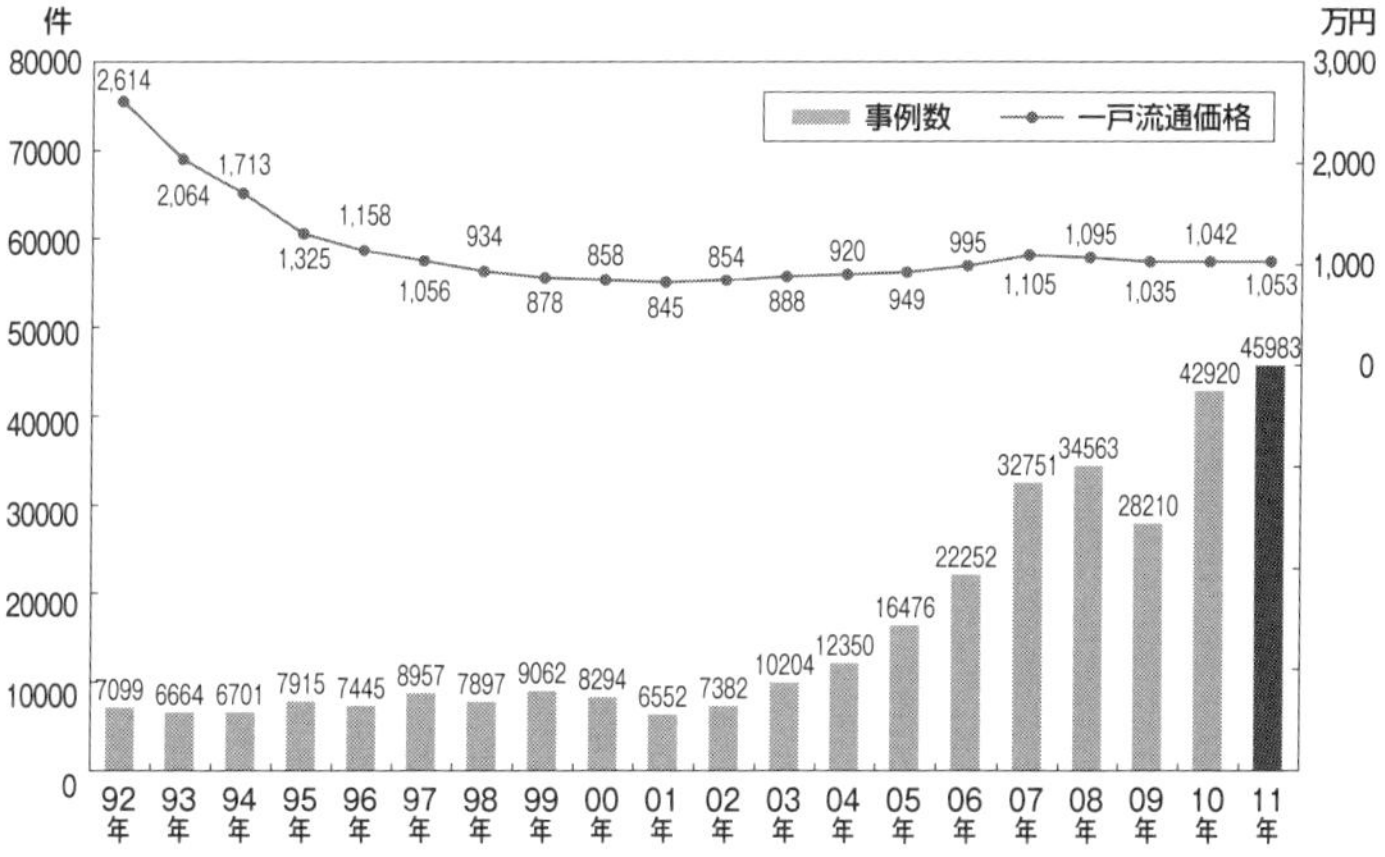


カンテイワンルーム市況より

中古ワンルームが、一番安全で確実な投資対象だと投資家に認識されているからに他なりません。

## いまやワンルームマンションは手堅い金融商品

### ◆高い換金性

いまや中古ワンルームは、投資家間で「手堅い金融商品」というポジションで売買されています。

金融商品と不動産を投資対象として比較した場合、不動産のネックは「売りたいときに売れない」という換金性の低さでした。

しかし、こと中古ワンルームに関しては、非常に流動性が高いので、売りたい時に気軽に売却が可能です。また、中古の場合は、すでに売買や賃貸の事例があり、ある種の相場が形成されているため、大体いくらくらいなら売れるか、という時価の予測が立てやすいという利点があります。

株の場合は現金化に４日を要しますが、中古ワンルームも最短で売買取引が行えれば、ほぼ同じくらいの日数で現金化できます。

## ◆安定性・継続性

中古ワンルームは、空室の場合はもちろん、入居者がいてもオーナーチェンジという形でそのまま売買されます。

オーナーチェンジの場合は、新たな入居者を募集する手間もなく、すぐに毎月決まった額の家賃が振り込まれます。

当社で中古ワンルームを購入されるお客様の中には、株やＦＸなどの投資を一通り経験されてから、最終的に不動産にたどりついたという方も多くいらっしゃいます。

株や為替の世界は、ハイリスク・ハイリターンです。すぐに投資金額が何倍にもなる可能性がある一方で、一瞬にして積み上げた利益が吹き飛び、大損をすることもあります。このようなハイリスク投資を経験された方ほど、中古ワンルームの「手堅さ」を評価されるようです。

**事例① ハイリスク投資と組み合わせて、リスクヘッジに**

【投資家Aさん】

私は、以前は株の売買をメインに生活をしていました。しかし、中古ワンルーム投資に出会ってからは、徐々に株の投資規模を縮小して、中古ワンルームの所有戸数を増やしています。

株のトレードだけで生活をしていた時には、朝も夜も、海外の市況やニュースなどワールドワイドに相場を監視しなくてはならず、常に売り買いのことや、相場の変動で頭が

# 第1章 ローリスク・ハイリターンの中古ワンルームマンション投資とは？

いっぱいで、気が休まる時がありませんでした。

しかも、それだけ神経を張り詰めていても、相場の波によっては、損切りが続くこともあります。そうなると、損をして減った軍資金から、さらに生活費を切り崩さなくてはならず、経済的にも、精神的にも非常に苦しくなります。

一方、ワンルームの場合は、そのように一喜一憂しなくても、月末には決まった家賃がきちんと入金され、投資に対する利回りも入居者の退去がない限りほぼ確定しています。変動の激しい株式投資と安定した中古ワンルーム投資を組み合わせることで、相場変動のリスクヘッジになり、安定した運用をすることが可能になりました。

相場の波がとても緩やかで、枕を高くして眠れるのが中古ワンルーム投資の魅力であると思います。

## 首都圏中古ワンルームは、ローリスク・ハイリターン

不動産投資は、一般にミドルリスク・ミドルリターンの投資であるといわれます。しかし、少なくとも首都圏の中古ワンルームに関して言えば、ローリスク・ハイリターンと言ってもよいのではないかと私は思っています。

### ◆ハイリターン

ハイリターン（高利回り）といっても、年率何％以上という明確な定義はありません。当社の例でいえば、実質利回り6～15％の物件を多く扱っています。平均すると、大体年率9％前後の実質利回りです。

首都圏の新築ワンルームの表面利回りは通常4～5％、実質利回りとなるとマ

# 第1章 ローリスク・ハイリターンの中古ワンルームマンション投資とは？

イナス〜3%程度ですから、中古に絞ることで、新築の2〜4倍以上の利回りが得られています。

ご存知のように、ゼロ金利政策下、銀行の定期預金の金利は平均で約0・03%、国債は1%以下というのが現状です。そんな中、安定的に9%前後の利回りが得られるというのは、十分に高利回りだと言えるのではないでしょうか。

●定期預金・国債・新築ワンルーム　中古ワンルーム（きらめき不動産）利回り比較

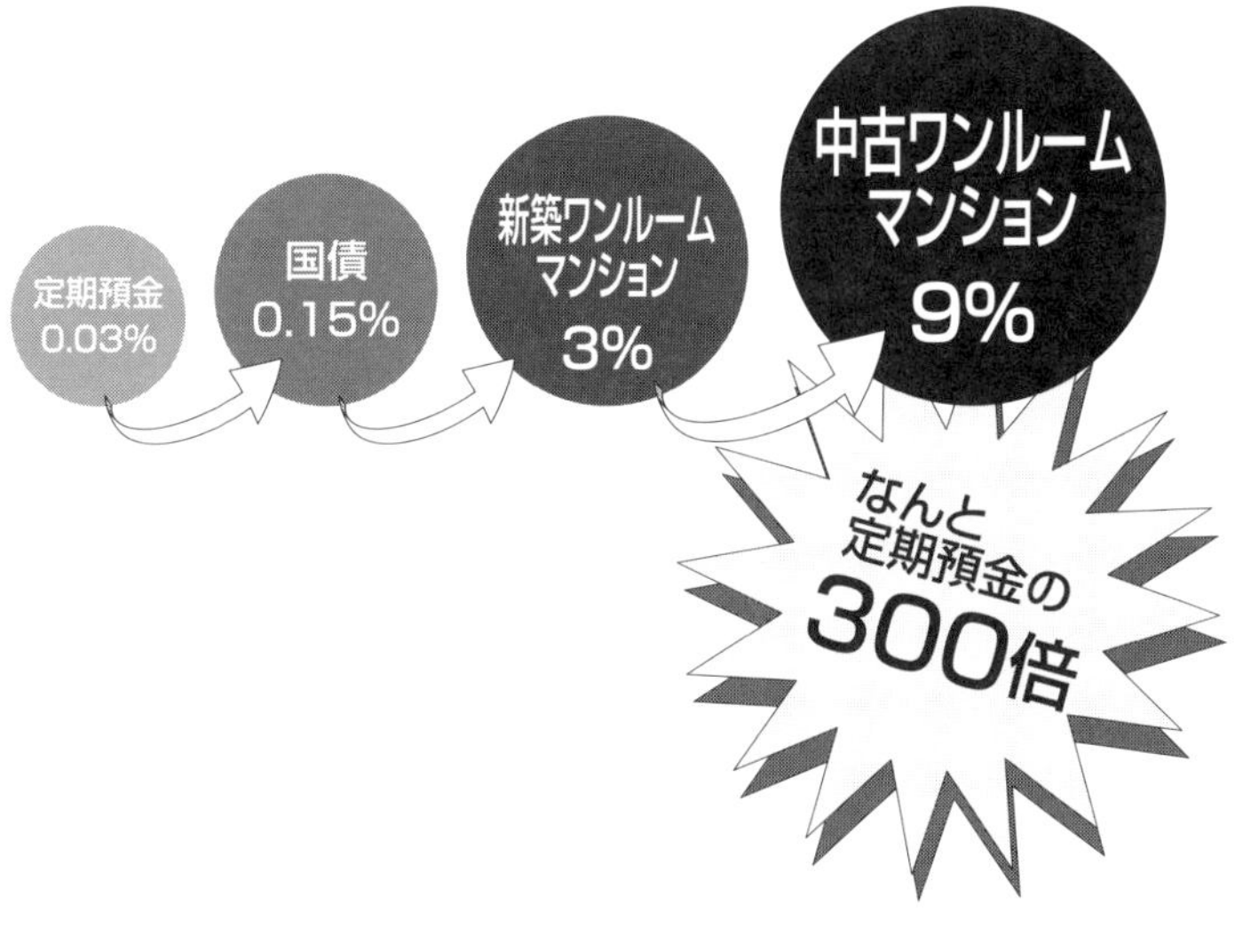

## ◆ローリスク

不動産投資に想定される主なリスクとしては、次の5つがあげられます。

**①空室リスク**
**②賃料の値下がりリスク**
**③滞納リスク**
**④災害リスク**
**⑤建物の老朽化リスク**

私は、これらの「不動産5大リスク」も首都圏の中古ワンルームであれば回避しやすいと考えています。次項では、その理由をご説明します。

# 第1章 ローリスク・ハイリターンの中古ワンルームマンション投資とは？

## 首都圏中古ワンルームマンションが「不動産5大リスク」に強い理由

### ①空室リスクに強い理由

人口減少、少子高齢化などと言われますが、首都圏の中古ワンルーム需要はむしろ高まっています。

震災後も、被害を受けた東北地方から首都圏への人口流入が起こっており、日本の総人口は減少傾向ではありますが、東京をはじめとする首都圏の人口は増え続けています。

また、晩婚化・単身高齢者の増加、離婚件数の増加など、人口動態だけでは計れない、新たな単身者層も増加しています。単身者は利便性の高い立地を好みますので、立地条件のよい中古ワンルームの人気は今後も継続していくことでしょう。

## ②家賃値下げリスクに強い理由

先述したように、首都圏の人口は増加中であり、中古ワンルームの賃貸需要は旺盛です。

人口が減り続けている地方都市で、マンションやアパートをどんどん建設している地域がありますが、需要が少ない場所に大量に物件が供給されれば、家

●平成22年国勢調査　人口及び世帯数（速報）

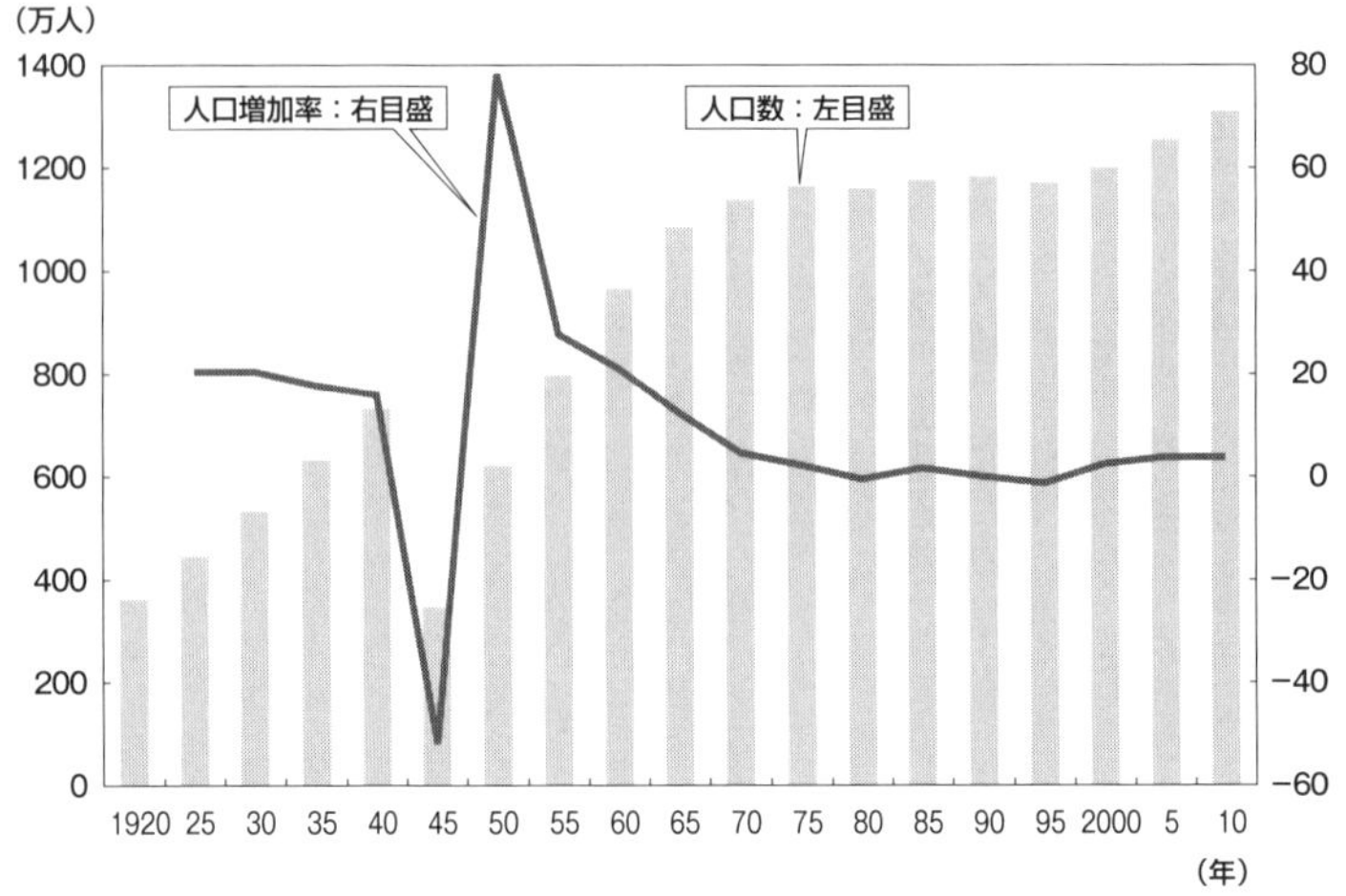


東京都のサイトより引用

賃の値下げ競争に陥るのは当然です。

一方、首都圏では仕事を求めて単身の若年層の人口流入が続いている上、一人暮らしの高齢者も、古くて不便な地方都市の戸建てより、より利便性や防犯性が高く、医療施設も充実した都心でのコンパクトな生活を志向する傾向にあります。

旺盛な需要が後押ししているため、首都圏では家賃相場の下落はごく緩やかです。仲介業者に家賃の何カ月分もの広告費を払ったり、フリーレントをつけたりという、客付けのための余分なコストもかかりません。

ただ、いくら需要があっても、いつまでも新築当時の家賃が維持できるわけではありません。築年数に応じて、物件の家賃は徐々に下落していきます。

とはいえ、近年は「家賃の安さ」を第一条件に挙げて部屋探

●首都圏と地方の家賃と空室率

| | 東京 | 全国 |
|---|---|---|
| 家賃相場（1R・1K・1DK） | 74,000円 | 58,000円 |
| 賃貸用住宅の空室率 | 13.8% | 18.9% |

ホームページ「HOME'S　見える!賃貸経営」より

しをする方が増えているので、古い物件や設備の劣る物件であっても、家賃面で折り合えば長期空室という最悪の事態は避けられます。

## ③滞納リスクに強い理由

大家さんにとって、家賃の滞納や夜逃げは、空室以上に深刻な問題です。長期にわたって家賃を滞納している入居者を退去させるためには、裁判で建物明け渡し請求をしなければなりません。夜逃げされてしまった場合はさらに深刻で、建物明け渡し請求だけでなく、荷物の処分についても訴訟を起こす必要があります。

その間の家賃は入りませんので、ローンや修繕積立金、管理費を払いながら、裁判費用や残置荷物の処分、原状回復費用までをも負担することになってしまいます。

その間の大家さんの経済的・精神的負担は大変なものです。

このような滞納や夜逃げリスクを防ぐためには、入居時に連帯保証人を立てるのが一般的です。しかし、実際に問題がおきた時に、その保証人が必ず支払いに応じてくれるとは限りません。

そこで、近年は、契約時に保証会社の利用を義務付ける大家さんが増えています。通常は、賃貸契約を結ぶ管理会社や不動産会社が、提携している保証会社を紹介してくれます。入居希望者は、連帯保証人を立てない代わりに保証会社に家賃の30～100％程度を支払い、保証をしてもらいます。

その後2年間の賃貸契約期間中は、その家賃保証会社が家賃の滞納の督促や弁済、場合によっては裁判費用や残置荷物の撤去まで、ほとんどのリスクを負ってくれますから、いざというときにあてにならない連帯保証人よりも、ずっと安心できます。

弊社でも新規の賃貸契約を結ぶ場合は、必ず保証会社を利用するようお願いしています。なお、保証会社にも審査がありますが、この審査に通らない方には、貸すのは避けた方がよいと考えています。

## ④災害リスクに強い理由

ワンルームマンションは各部屋が壁で仕切られているという構造上、地震に強いと言われています。多くの建物が倒壊した阪神大震災の時にも、ワンルームマンションで倒壊した建物は1棟もありませんでした。

東日本大震災時に浦安などで起こった液状化現象でも、ワンルームマンションなどの鉄筋の建物は、地中深くに杭を打っているため、傾いた物件はなかったそうです。

しかし、いくらワンルームマンションが地震や災害に強いとはいっても、火災保険とそれに付随する地震保険をかけて、いざという時に備えておくことが重要です。

今回の東日本大震災でも、地震の被害こそ軽微だったものの、津波によって多くの建物が被害を受けました。

なお、東日本大震災では、政府の後押しもあり、地震保険の審査と支払いは大変迅速に行われました。津波で建物が流されてしまっても、全損という扱いで地震保険がおりたために損失が穴埋めできたケースや、半損認定になり、壊れた建物の補修費用がまかなえたというケースも多かったようです。（地震保険金は全損で建物価格の全額、半損で50％、一部損で５％支払われます。）

ちなみに、東日本大震災での地震保険の最終的な支払総額は、１兆２０００億円前後といわれています。これは阪神大震災の15倍に上る金額です。

## ⑤建物の老朽化リスクに強い理由

「マンションは管理を買え」と言われますが、マンションのエントランスや外壁、エレベータや廊下、屋上などの建物全体の共用部分の管理（保守や清掃、修繕）は、管理組合が行います。区分所有者は管理組合の組合員として、毎月管理費や修繕積立金を支払って、管理を委託しているわけです。

中古であれば、共用部分の管理や清掃が行き届いているかどうか、自転車置き場や郵便ポスト、エントランスの状況を、ある程度目視で確認できます。そのためにも、購入前に一度は現地に行かれることをお勧めします。

また、一般にマンションの耐用年数は60年前後だと言われていますが、少なくとも築15~20年頃までには大規模修繕が行われていないと、その建物の老朽化は目に見えて進んでいきます。

これまでの修繕の履歴や修繕積立金の積立状況などを知るには「重要事項に係る調査報告書」を確認することです。

これは、不動産仲介会社が管理会社から一通3千円程度で購入するもので、今まで建物がどんな管理をされてきたか、管理費や修繕費の滞納の有無までわかります。

ただ、私は中古ワンルーム投資のメリットは、区分所有している自分の部屋の室内（専有面積）のみの管理や修繕を行えばいいという気軽さにあると思っています。

管理が行き届いていたとしても、経年による建物の老朽化は避けられません。その場合も、区分所有の気軽さを生かして、寿命が尽きる前にタイミングを見て売ってしまえば不要な悩みを抱えることはなくなります。

なにも、寿命がつきて朽ち果てるまで付き合う必要はないのです。

## 首都圏中古ワンルームマンションの魅力

ここまで、首都圏中古ワンルームの、安定性やリスクの低さについて説明してきました。次に、他の投資と比べての「魅力」について紹介したいと思います。

## ◆誰にでも高利回りを再現でき、不労所得度が高いという魅力

書店などに行くと、30％や40％といった超高利回りを掲げた不動産投資本が目につきます。これに比べると、首都圏中古ワンルームの9％前後という数字は物足りなく感じるかもしれません。

しかし、それらの本で紹介されているような超高利回りを、実際にサラリーマンが再現するためには、以下のような手間をかける必要があります。こんなことが本当にできるでしょうか？

●自分でリフォームや設備の交換をする
●飛行機で行くような遠方の物件に投資し、しばしば管理会社を接待する
●経費を抑えるため、自分で掃除や草むしりに通い自主管理する

一つ一つの手法は有効なのでしょうが、我々から見ても「よくやるなあ、大変そうだなあ！」と感心してしまいます。

しかも、これらの投資本の利回り計算には、「自分が動いた分の労働力や時間のコスト」は、含まれていません。

そもそも、これらの本の著者の多くは、懇意の営業マンに、超掘り出し物の激安物件を優先的に紹介してもらっています。

当然ですが、相場より安く買えるほど、利回りは上がります。もし同じような物件を紹介してもらえるのなら、誰でもかなりの高利回りを得ることができるでしょうが、そんなことは不可能です。

結論から言えば、読み物としては面白いのですが、これらの不動産投資本の超高利回りは、誰にでも再現できるものではないと思います。

一方、首都圏の中古ワンルームの場合、私があげている「9％前後」という利回りの物件は誰でも普通に購入できます。また、管理会社選びをしっかりすれば、客付けや維持管理にもほとんど手がかかりません。
この、高利回りが誰にでも再現でき、不労所得度が高いという点は、忙しいサラリーマンや高齢者にとって大きな魅力だと思います。

## ◆価格が安いという魅力

「不動産は高額」というイメージをお持ちの方は驚かれますが、現在、**首都圏の中古ワンルームは200万円程度から買うこともできます。都内23区駅近といった立地の良い物件でも、500万円台から探すことができます。**

私は「物件価格の安さ」は、それだけで投資のリスクを軽減できると考えています。もし空室が出た場合でも、オーナーは余裕を持って持ちこたえることができますし、気軽に売買できる価格帯の物件は人気が高く、数年後に手放す際も購入価格とさほど変わらない値段ですぐに売れていきます。

現金で買われる方も多いですが、ローンを利用してレバレッジを効かせ、効率的に資産を増やされる方もいます。

当社の場合は、ほとんどのお客様が融資を利用されます。金融機関は、一部の都銀のほか、日本政策金融公庫や地銀、ノンバンクなど様々ですので、金利なども考慮した上で、どこでいくらくらい融資を受けるかを決められるとよいでしょう。

## ◆修繕費、維持費が安いという魅力

中古ワンルームは、一室20平米前後のものが多いため、退去後のクロスの張り替えや掃除などの、原状回復にかかる費用を安く抑えることができます。設備もコンパクトなので、高額になりがちな水回りの修理や交換などが必要な場合も、せいぜい数万円程度の出費で対応が可能です。

また、原状回復に要する時間も短いため、退去後一週間ほどですぐに新しい入居者を案内することができ、空室期間を短くすることができます。

これらの退去後の原状回復費用や修繕費、次の入居者を入れられるまでの空室期間は、表面的な利回りには反映されないので見過ごされがちですが、賃貸経営の収支を大きく左右する部分です。この点でも中古ワンルームは投資効率が良いといえるでしょう。

## ◆資産を分割できるという魅力

ワンルーム×8室のマンション一棟と、地域や時期をばらして購入した中古ワンルーム8戸を比較した場合、取得金額の総額と得られる賃料収入の総額が同じだとしたら、中古ワンルームの方が資産の自由度が高くリスクは小さいと言えます。

マンション一棟を売るのは大変ですが、中古ワンルームなら、価格設定さえ誤らなければ比較的簡単に売ることができますので、必要な時に必要な金額に合わせて、手持ちの中から好きな物件を売却できます。

また、地域をばらせば地域リスクを軽減できますし、購入の時期をばらせば、退去や設備の交換の時期もずれるので、一度に大きな出費が重なるのを避けることができます。

万一、事件・事故や火事などの問題が起こった場合も、一棟ものであれば空室が増え、資産価値が激減してしまいますが、複数物件をバラで持っておけば、そのような心配もありません。

## ◆相続税対策が取りやすいという魅力

詳細は6章に譲りますが、中古ワンルームのもう一つの大きなメリットとして、相続対策が簡単かつ効果的に行えるということがあります。

例えば、現金資産を、数戸の中古ワンルームに変えておけば、大幅な節税になります。相続時にも、子供たちに遺産を公平に分配することができるので、無用な争いを避けることができます。相続後には子供達はすぐに家賃を受け取れますし、好きな時に売却して現金化することもできます。

また、土地がある場合も、「相続のため」と無理に需要の少ない地方に膨大なコストをかけマンションやアパートを建設しなくても、その土地を売るなり担保に入れるなりして、首都圏に複数の中古ワンルームを買えば、ずっと簡単かつローリスクで同じ効果を得ることができるのです。

## ◆柔軟に活用ができるという魅力

毎年、大学の合格発表シーズンには、空室の中古ワンルーム物件への引き合いが増加します。これは、上京して進学するご子息のための購入需要が高まるからです。

大学生の子供に4年間部屋を借りた場合、家賃6万円の物件であれば実に卒業までに320万円以上の家賃を払い捨てることになってしまいます。

一方、最初に現金600万円（実質利回り9％）で購入していれば、卒業時に

●大学4年間、中古ワンルームを借りた場合と買った場合のコスト比較

**借りた場合**（家賃6万円）

| | |
|---|---|
| 家賃 ×48カ月 | −288万円 |
| 総諸経費 | −28万円 |
| ・礼金 1 | −6万円 |
| ・敷金 1 | −6万円 |
| ・更新 1回 | −6万円 |
| ・火災保険料 | −4万円 |
| **支出 計** | **−316万円** |

**買った場合**（物件価格600万円）

| | |
|---|---|
| 物件価格 | −600万円 |
| 総諸経費 | −118.5万円 |
| ・購入手数料 | −25,2万円 |
| ・売却手数料 | −23,3万円 |
| ・登記費用 | −10万円 |
| ・修繕積立金・管理費 1万円×48カ月 | −48万円 |
| ・固定資産税 3万円×4年 | −12万円 |
| 売却価格 | 540万円 |
| **売却時収支 計** | **−178.5万円** |

差額
**137.5万円**

10％落ちの５４０万円で売っても、借りた場合より約１４０万円も節約できることになります。

このように、中古ワンルームは単なる数字上の投資ではなく、実際に住むことが出来る実物資産であるという強みも持っています。上京する子供用の住居や出張用のセカンドハウス、趣味の部屋や客間など、必要な時期に自分たちで使用し、必要がなくなれば、貸したり売ったりすることで、金銭的なメリットを得ながら、暮らしの幅を広げることにもつながるのです。

# 第2章

## お金の話——老後の不安をなくすために

# 老後いくらのお金が必要なのか？

２００７年の「消えた年金問題」に端を発した年金への不信感は、年々深まりを見せているようです。20代の半数がすでに国民年金を支払っていないという現状では、年金制度がシステム的に行き詰る可能性が高く、そうなると年金に依存した老後の生活設計そのものが成り立たなくなってしまいます。

特に、自営業や、福利厚生制度が充実していない中小零細企業勤務者、労働者の35％以上を占める非正規雇用者の状況は深刻です。退職金や厚生年金が期待できないため、自己責任の資産運用に老後の活路を見出すしかありません。

当社でも、「老後の年金が不安だから、中古ワンルームを購入して家賃を老後の生活費にあてたい」と、相談に来られる方が、近年急激に増えています。

# 第2章 お金の話
## ―― 老後の不安をなくすために

### ◆老後の生活費の平均は、月額約27万7千円

では、老後の生活にはいくらくらい必要なのでしょうか？　また、どのように準備をしていけばよいのでしょうか。

総務省家計調査（２０１０年度）によると、世帯主60歳以上の家計（無職世帯）の支出は月額27万7千円で、毎月5万8千円の赤字となっています。その内訳は、次の通りです。

●高齢無職世帯の収入と支出（二人以上の世帯）（平成22年）

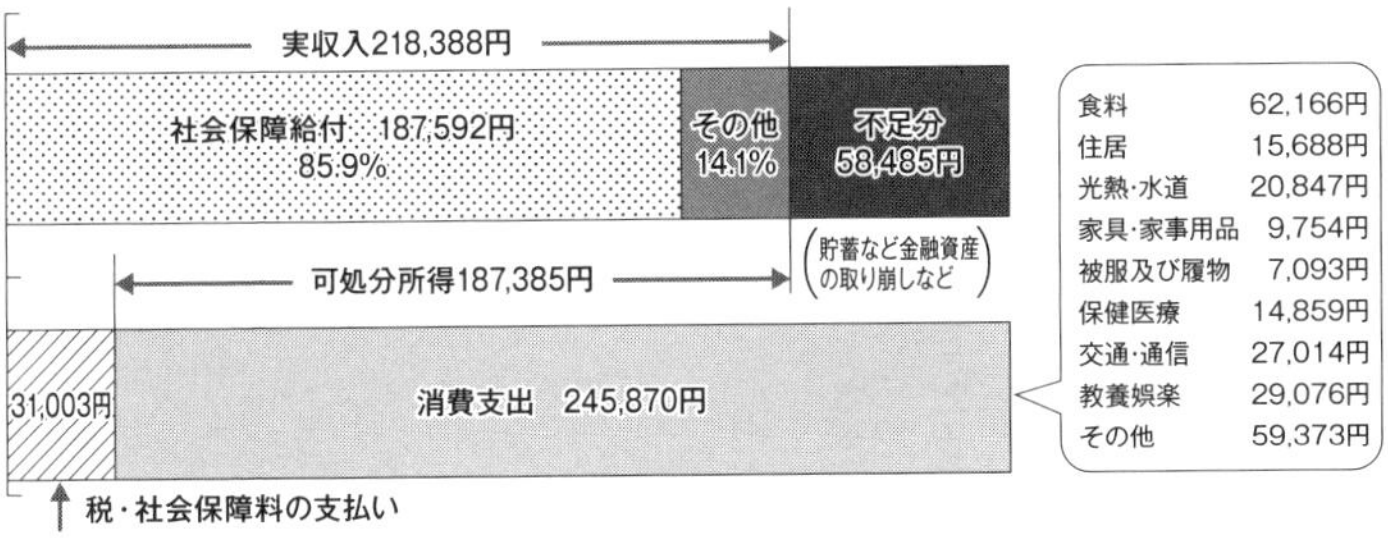

実収入218,388円
社会保障給付　187,592円
85.9%
その他
14.1%
不足分
58,485円
貯蓄など金融資産の取り崩しなど
可処分所得187,385円
31,003円
消費支出　245,870円
税・社会保障料の支払い
食料　62,166円
住居　15,688円
光熱・水道　20,847円
家具・家事用品　9,754円
被服及び履物　7,093円
保健医療　14,859円
交通・通信　27,014円
教養娯楽　29,076円
その他　59,373円

**○高齢無職世帯は月に５万８千円の赤字**

世帯主が60歳以上の二人以上の無職世帯（高齢無職世帯）の実収入は、１世帯当たり１か月平均21万８千円で，その８割強が公的年金などの社会保障給付です。また、実収入から税金や社会保険料などを差し引いた可処分所得は18万７千円（18万7385円）です。

一方、消費支出は24万６千円（24万5870円）で、可処分所得を５万８千円（５万8485円）上回り、赤字になっています。この不足分は貯蓄などの取り崩しで賄っています。

注・この調査の対象基準は「世帯主60歳以上」のみですので、一人暮らし・二人暮らし等さまざまなケースが含まれています。

出典：総務省統計局「家計簿からみたファミリーライフ　平成23年度8月版」

# 年金は何歳からもらえるか

## ◆引き上げられる受給開始年齢

先行き不透明な年金制度について、現時点でハッキリしているのは、年金の受給開始年齢が60歳から65歳に引き上げられるということです。

将来的には年金の受給開始年齢を68歳、70歳とさらに段階的に引き上げていこうという議論もなされています。

## ◆空白の5年間問題

# 第2章 お金の話
## ——老後の不安をなくすために

年金の受給開始年齢が引き上げられると、定年退職から年金の開始までにタイムラグが生じ、その間の収入が途絶えてしまうことになります。

現在は60歳定年制度をとっている企業が多いため、定年から年金が開始される65歳までの空白の5年間をどうするか？　というのが大きな問題になっています。

厚生労働省は2013年度から、定年退職者の中で65歳までの就労を希望する従業員

●年金の受取開始「5年間の空白」

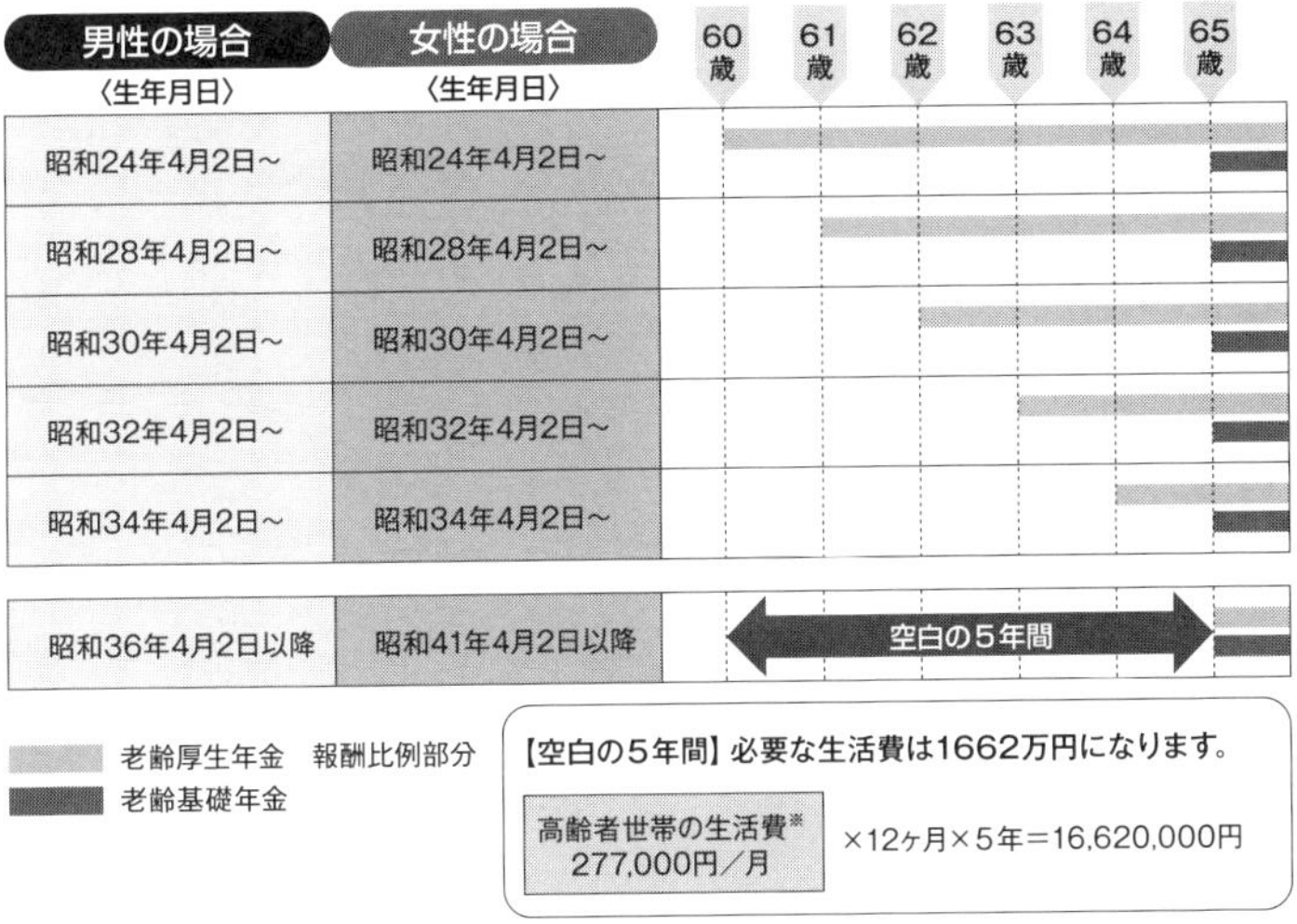


総務省「全国消費実態調査」より

全員の雇用を企業に義務づける方針を明らかにしていますが、実行されるかどうかはまた未確定です。

将来的にはさらに空白期間が長くなることも念頭において、余裕を持った資金計画を立てておかなくてはなりません。

## 老後の生活を支える収入は？

### ◆老後のために必要な貯金額は？

ここまで、データをもとに、老後に必要な生活費と年金の現状についてご紹介

# 第2章 お金の話
## ——老後の不安をなくすために

してきました。

今現在の老後の生活モデルで考えた場合、年金を補って生活するために必要な貯金は、定年から年金受給開始年齢までの空白の5年間の生活費と、60歳から80歳までの20年間で必要になる生活費と年金の差額を合計した、約2700万円と試算されます。

退職金の平均が2000万円前後だとすれば（大学卒の退職金2335万円（厚生労働省・2010年）、これに貯蓄を加えれば2700万円は達成不可能ではないかもしれません。しかし、これだけの退職金を手にできる層は、もはやごく一部の公務員や一流企業勤務

**●老後生活に必要な貯金**

**60〜65歳の空白期間**

27万7千円（総務省データ・60歳以上の世帯の平均生活費）×60カ月＝1662万円

**65〜80歳**

5万8千円（総務省データ・60歳以上の世帯の毎月の不足金平均）×180カ月＝1044万円

**合計　約2700万円**

（なお、この計算では80歳までの概算を出していますが、日本人の平均寿命は男性で約79歳、女性で約86歳です）

者に限られてきているのが現状です。

## ◆必要なのは収入＞支出という仕組みづくり

また、これに近い金額を退職金や貯金で用意できたとしても、死ぬまで貯金で食べていけるから安心かと言えば、そうとも言えません。

当事者の立場で考えれば、自分たちの余命がわからない以上、毎月ただ貯金を切り崩し、頼みの綱である預金残高が減っていくという状況は、耐えがたく心細いものではないでしょうか。

つまり、収入＞支出という仕組みができあがらない限りは、一生不足分を補うために働くか、生活をきり詰め、支出を抑えていくしかないのです。

## ◆消えた利子収入

# 第2章 お金の話 ―― 老後の不安をなくすために

やや年金の話題からは外れますが、私は、予想される老後の生活が、こんなにも不安で貧しいものになってしまった大きな要因の一つに、日銀のゼロ金利政策があると考えています。

例えば、大学卒の平均退職金2335万円。これを金利8％の金利で預けたら、年間の利子収入は税引き後の手取りで約150万円になります。8％の金利というと今では夢のようですが、バブルが崩壊するまでは、郵便貯金の定期預金としては、

●郵貯等の金利推移

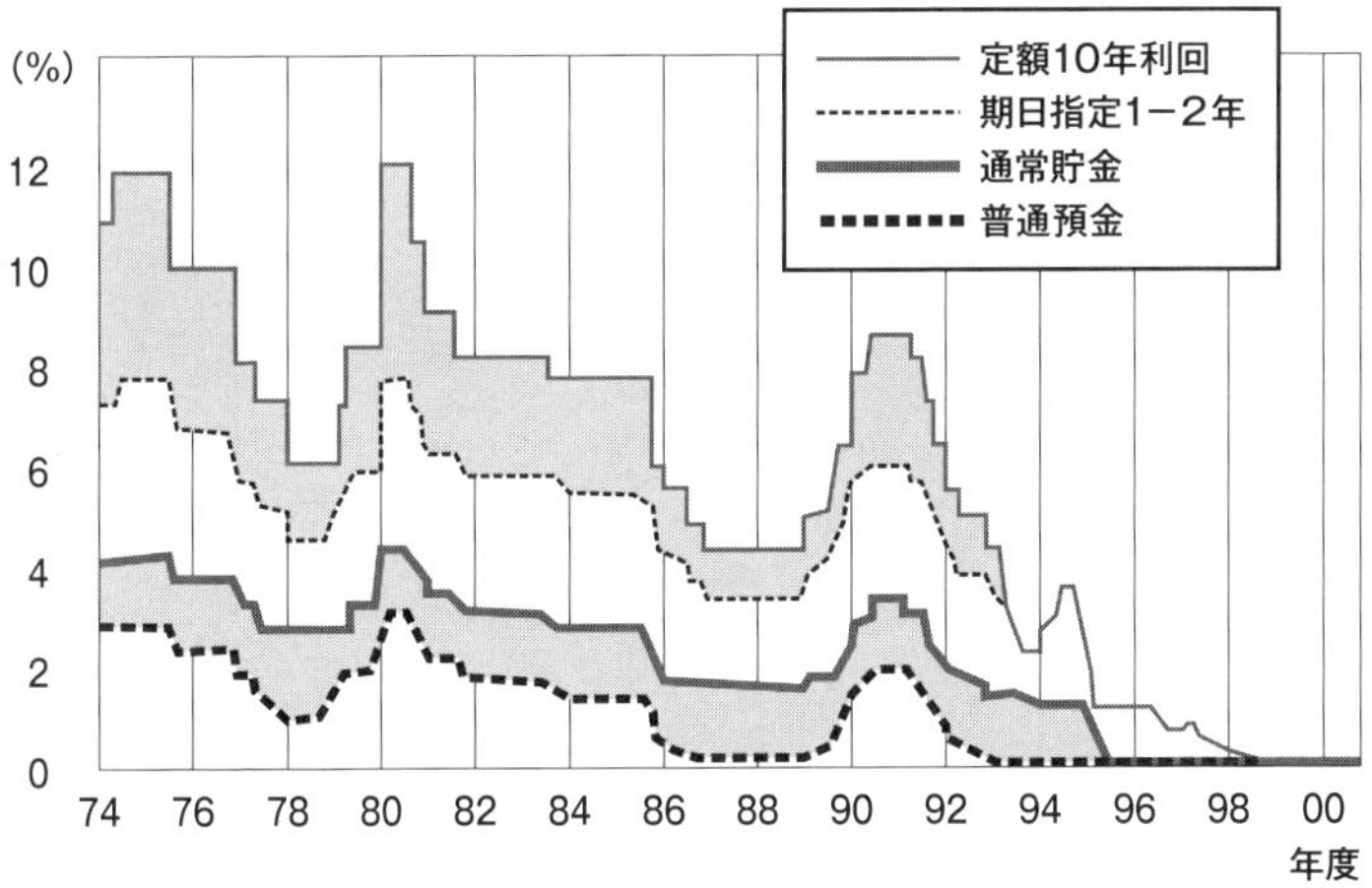


資料　日銀「経済金融統計月報」

ごく普通の金利でした。

この、本来受け取れるはずだった約150万円、ひと月にして12万5千円という利子収入は、老後の生活資金としては非常に大きなもので、満額の国民年金（月額6万6千円）の約2倍にあたります。

もしこれだけの金利収入があったら、どれだけ老後への不安感が減るか、どれだけ生活にゆとりがでるか、想像してみてください。先述の、老後の生活費27万7千円のモデルで考えた場合、毎月の不足分5万8千円を埋めて、なお6万7千円の余裕が生まれます。（ちなみに、2335万円の貯金で、毎月の不足分5万8千円相当の利子収入を得るために必要な金利は、約3％です。）

つまり、退職金が利子収入を産んでくれていれば、収入＞支出という仕組ができ、もっと余裕をもった老後生活が送れるのです。

## ◆高齢者が安心して使える収入とは？

# 第2章 お金の話
## ——老後の不安をなくすために

利子収入は、いくら使っても元本は減りません。元本が減らなければ、いざという時にも安心ですし、将来的に子供に財産を引き継ぐこともできます。たとえ金利収入を使い切ってしまっても、減らない元本からはまた継続的に金利が生み出されていきます。不労所得なので、自分が病気で働けなくなっても、変わらずに継続的に入ってきます。

このような、換金性の高さ、元本保証、継続性、不労所得という性質を兼ね備えた収入こそ、高齢者が安心して自由に使えるお金なのです。

### ◆老後にゆとりをもたらすのは、家賃収入!

私のお勧めしている首都圏の中古ワンルーム投資は、この「失われた利子収入」の代替として、最適な投資先だと思います。

郵便貯金のように元本保証とまでは言えませんが、中古ワンルームは流動性があり相場が形成されているので売却価格も想定しやすく、換金しやすいという安心感があります。少なくとも、他のハイリスク投資のように、突然預け先の会社が破たんして預けたお金をすべて失うようなことはありません。

得られる利回りは実利で9％前後、利子と同じように、物件があり入居者が家賃を払ってくれている限り、一定の収入が継続的に得られます。

また、得られる家賃は不労所得に近く、しっかりした管理会社にお任せすれば何もしなくても毎月入金があるというところも、高齢者にお勧めしたいポイントです。

利子収入が期待できない現在、ローリスクハイリターンの中古ワンルームは、老後の生活を支えるパートナーとしても頼もしい存在ではないでしょうか。

# 第3章

## 住居費が資産形成の鍵

# 自分の住居をどうするか？

## ◆住居費は家計の大きなウエイトを占める

本書でお勧めしている「中古ワンルームマンション」は不動産といっても投資用ですので、実際に自分が住む家は他に用意しなくてはなりません。買うにしても借りるにしても、住居費は家計の中で大きなウエイトを占める出費になります。この、自分の住む住居をどうするのか？　という問題は、資産形成に大きく関わってきます。

# 第3章 住居費が資産形成の鍵

## ◆老後の生活費にも大きな影響が

2章でご紹介した、老後の生活費のデータ（総務省家計調査）では、ひと月の生活費27万7千円に対して、住居費は1万5668円となっています。

このような低廉な住居費になっているのは、60歳以上の世帯では、家賃や住宅ローンのない持ち家世帯が多く、固定資産税と維持費（マンションであれば修繕積立費と管理費、戸建てであれば簡単な修繕費）程度の支出となっているためだと考えられます。

もし、定年後も住宅ローンが続く場合や、賃貸住宅に住み続ける場合は、そのローン支払い分や家賃をさらに生活費に上乗せして考えなくてはいけません。

# ワンルームマンション、借りるくらいなら買いなさい！

## ◆首都圏の一人暮らし住居費は、月収の35％超！

一般に住居費にかかるコストは、家計の3割以内に収めるべきだと言われていますが、独身で賃貸住宅に住んでいる男女（18歳〜39歳）の、月収に対する住居費（家賃）の占める割合（住宅係数）は、全体では34・7％、首都圏では35・5％にも及びます。（2009年アットホーム株式会社調べ）

これは、同じ収入を得ている人でも、実家に暮らしている人と一人暮らしをしている人とでは、可処分所得に35％もの差がついてしまうということです。家賃を払った残りから、一体いくら貯金ができるでしょうか？　しかも、家賃は払い捨てですので、この差はずっと埋まりません。

従来、比較的大手の企業では、社員の福利厚生の一環として社員寮や社宅、住宅補助を出している所が多かったのですが、近年は経費削減として、社宅の売却や、手当の縮小・廃止を進めている企業が増加しています。

## ◆ワンルームマンションは借りる側には不経済

本書では、中古ワンルーム投資がいかに高利回りかをお伝えしていますが、逆に考えれば、中古ワンルームは借りる側にとっては不経済だということです。

個人的には、資産を築くための第一歩は、まず自分の住む家の居住費をなるべく抑えて頭金を貯金し、資産性のある不動産を持つことではないかと思っています。

どうせ借りて家賃を払わなくてはいけないのなら、いっそ最初に中古ワンルームを買ってそこに自分が住んで、家賃の代わりにローンを支払ったほうが、ずっとトクになります。

次項では家賃7万円（都内単身者賃料平均・アットホーム調べ）の中古ワンルームを、ローンを利用して買った場合と、借りた場合でシミュレーションしてみましょう。

## ◆シミュレーション①
## 中古ワンルームマンションを借りる場合、買った場合の比較

8年間、中古ワンルームを家賃7万円で借りた場合、家賃＋その他の支出で、722万円の出費になります。

一方、同じ中古ワンルームを700万円で買って（フルローン、金利2・5％12年）毎月家賃と同じ7万円を支払い、8年後に売る場合、毎月の支払＋その他の出費は734万3千円になります。売却価格を560万円とすると、残債の257万円を差し引いても、売却清算後303万円が残ります。通算すると、最

第3章

# 住居費が資産形成の鍵

●中古ワンルームマンションを借りる場合、買った場合の比較

**きらめきマンション**

物件価格　700万円　家賃7万円　実利9％
修繕積立金・管理費　合計11200円/月
固定資産税　3万円/年

**借りた場合**

家賃7万円

家賃支払い総額
7×96＝672万円

＋

その他の支出

| | |
|---|---|
| 仲介手数料 | 70,000円 |
| 礼金　1 | 70,000円 |
| 敷金　1 | 70,000円 |
| 更新3回 | 210,000円 |
| 火災保険料（2年2万円） | 80,000円 |
| 計 | 500,000円 |

**支出合計　−722万円**

**差額**
**290万7千円**

**買った場合**

物件価格　700万円
頭　　金　なし
金　　利　2.5%　　ローン期間12年

毎月の支払7万円
（内訳）

| | |
|---|---|
| ローン支払 | 月額56,300円 |
| 修繕積立金・管理費 | 11,200円 |
| 固定資産税（年間3万円を月割） | 2500円 |

支払い総額　7×96＝672万円

＋

その他の支出

| | |
|---|---|
| 購入手数料 | 283,500万円 |
| 売却手数料 | 239,400万円 |
| 登記費用 | 100,000万円 |
| 計 | 623,000万円 |

**支出合計　−734万3千円**

売却価格　560万円
（買ってから毎年2.5%減価すると計算）
残債金額　−257万円

**残債清算後　約303万円**

**最終損益　−431万3千円**

終的には８年間で４３１万１千円の出費、借りた場合との差額は約２９０万円になります。（なお、売却価格は買値から毎年２・５％値段がさがるという、かなり厳しい条件で試算しています）

同じ住居を、借りるか、先に買うかでこれだけの差が生まれるのです。もし一人暮らしで家賃を払い続けるなら、中古ワンルームは借りるよりも買った方がずっとおトクだと言えると思います。

## 中古ワンルームマンションを活用して、マイホームにかかるコストを削減！

結婚して家族が増えると、家族の人数に応じてより広い住宅に住む必要が出てきます。高い家賃を払うのなら、頭金を貯めて、マイホームを買いたいという方も多いでしょう。

マイホームを取得する場合も、工夫次第でマイホームにかかる総合的なコストを減らすことができます。本項では、中古ワンルーム投資と絡めることで、マイホームの取得コストを削減する方法をご紹介します。

※説明をわかりやすくするために、売買手数料などの諸経費、修繕積立金や管理費、固定資産税などを省いています。

## ◆シミュレーション② 中古ワンルームの家賃で自分達の家賃を払うケース

都内で、自宅を買う場合と、中古ワンルームに投資をして、その賃料で同等の家を借りる場合を比較して見ましょう。

Aさんは、自宅を4000万円で購入しました。

Bさんは、自宅は買わずに中古ワンルームを3戸（平均利回り10％）を計2000万円で購入し、その家賃収入月額20万円でAさんの自宅と同等の家を借

●中古ワンルームの家賃で自分たちの家賃を払うケース

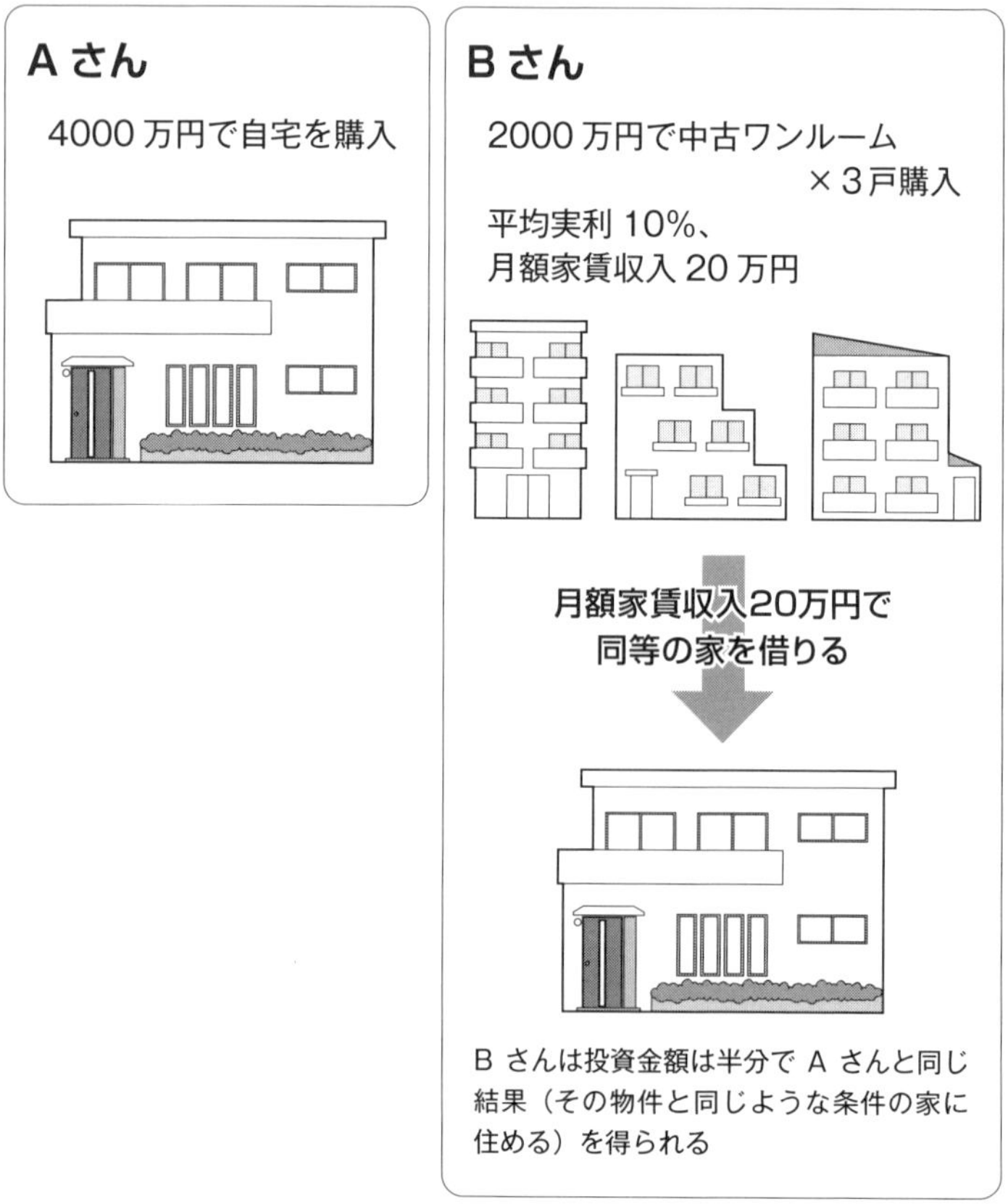
Aさん
4000万円で自宅を購入
Bさん
2000万円で中古ワンルーム×3戸購入
平均実利10%、
月額家賃収入20万円
月額家賃収入20万円で
同等の家を借りる
Bさんは投資金額は半分でAさんと同じ結果（その物件と同じような条件の家に住める）を得られる

りました。

Bさんは、中古ワンルームに投資することで、投資金額は半分で、Aさんと同じ結果（その物件と同じような条件の部屋に住める）を得られることになります。

家族のライフサイクルの中で、子供たちが個室を必用とする時代はそう長くはありません。賃貸であれば、マイホームに縛られず、家族の人数や生活の変化に合わせてより快適な住まいに住み替えていく、自由度の高い選択が可能です。

## ◆シミュレーション③ 住宅ローンの頭金で中古ワンルームを買う場合

もう一つ、別のシミュレーションをしてみましょう。住宅ローンの頭金で中古ワンルームを買う場合です。

AさんとBさんは、それぞれ5000万円の自宅を購入するために、1000万円の頭金を用意しました。

Aさんは、頭金1000万円を使って4000万円のローンを組みました。

**●5000万円の自宅　頭金1000万円**

4000万円の35年ローン　金利1・5％

月々返済　12万2千円

Bさんは、1000万円を頭金に入れずに、そのお金で実利10％の中古ワンルームを買い、自宅は5000万円のフルローンを組みました。そして毎月の中古ワンルームの家賃は全額、自宅のローンの支払いにあてることにしました。

**●1000万円の中古ワンルーム　利回り10％**

家賃収入　10万円

**●5000万円の自宅　頭金なし**

5000万円の35年ローン　金利1・5％

月々返済15万3千円　マイナス　中古ワンルームの家賃収入10万円＝5万3千円

# 第3章 住居費が資産形成の鍵

●住宅ローンの頭金で中古ワンルームを買う場合

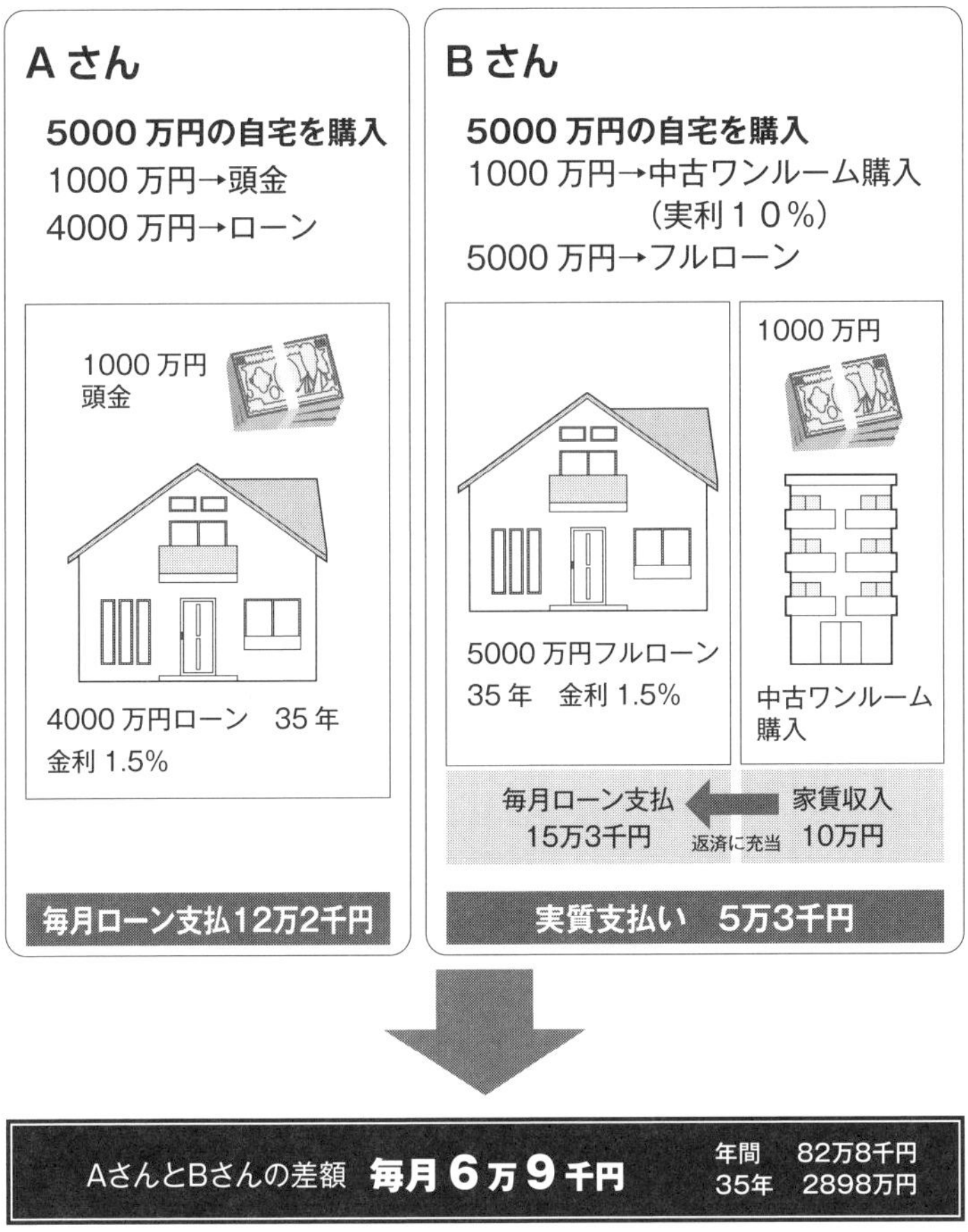

AさんとBさんの差額：6万9千円（月額）　82万8千円（年額）　2898万円（35年）

中古ワンルームを買ってその家賃を返済に充てたBさんは、Aさんに比べて月々のローン支払額が6万9千円も少なくなっています。しかも、ローン支払いが終わった後も、継続的に中古ワンルームからの収入は入ってきます。マイホームと収益物件を組み合わせることで、効率的に資産の構築ができるのです。

## ◆シミュレーション④ 賃貸併用住宅で、店子にローンを払ってもらうケース

次に、自宅に賃貸用住宅を併設して、自分たちが住みながら、店子から家賃も貰う方法をご紹介します。

自宅を購入する際、自分たちの居住スペースが51％以上（賃貸住宅部分が居住面積の49％以下）であれば、住宅ローンを使うことができます。

アパートローンや事業ローンよりも安い金利で、マイホームと賃貸物件の両方

を手に入れることができる上、家賃収入＞毎月のローン支払い額であれば、自己負担なしで返済が進んでいきますので、資産形成に大変有利です。

店子との距離が近いので自主管理しやすく、経費も節減できるというメリットがある一方で、常に店子と大家が近くに生活するので、プライバシーがないと感じる人もいるようです。

## ◆マイホームの選択にも投資目線を

日本では戦後長い間、就職して数年、コツコツと貯めた貯金を頭金にマイホームを購入して、一国一城の主となることが理想とされてい

●賃貸併用住宅で、店子にローンを払ってもらうケース

賃貸スペースからの家賃収入で、ローンの返済ができる

ました。しかし、それは終身雇用制度に守られて、不動産はずっと上がり続けるという土地神話が継続していた時代の話です。

カーシェアリングやシェアハウスなど、現在の日本では所有から利用へと意識に変化が見られます。自分たちが住むという目的だけのために、長期の住宅ローンを組むことに対して、リスクを感じる人が増えつつあります。

従来の枠に縛られず、「不動産」をもっと自由な感覚で組み合わせてみてはいかがでしょうか。自分の住まいの選択にも投資目線を取り入れると、ただ漠然と家賃を消費しているよりも、ずっと早く資産形成をすることができるのです。

**事例②　きらめき不動産後藤の場合：ボロマンションからのステップアップで資産形成！**

本章の最後に、私自身の自宅についてご紹介させていただきます。

前書きでも触れましたが、私は27才の時、スノーボードで足に大けがをして自宅で療養しながらの結婚生活を始めました。社会復帰後、証券会社を経て不動産の世界に入っ

第3章 住居費が資産形成の鍵

たのですが、そこでの仕事は完全出来高制の営業マンでした。

完全出来高制というのは、頑張って成果を出せばその分稼げるのですが、逆に、成果が上がらないときは、どんなに汗水流して長時間必死に働いていても、全く収入になりません。つまり、毎月の収入に大きな波がある仕事なのです。

一方、家賃や電光熱費などの家計の支払いは、ほぼ決まった額が毎月コンスタントに出ていきます。苦しいときも、奥さんには毎月の家計費を渡さないわけにはいきません。黙っていましたが、キャッシングを利用してしのぐこともしばしばでした。

特に負担を感じていたのは家賃の支払いです。キャッシングしてまで他人に家賃を払うのは、ばかばかしい。そう考えていた私は、なけなしの貯金とローン400万円で、横須賀に2DKの中古マンションを買いました。

「本当にこんなボロマンションを買うのか?」と両親や友人には呆れられるほど内装は荒れていましたが、できるところは自分達でもコツコツとリフォームをし、なんとか住める状態にして、5年ほどそこで生活をしました。

現在、その家はさらにリフォームをして賃貸に出していますが、毎月8万円の家賃を生んでくれています。

子供が小学生になったのをきっかけに引っ越しをした現在の住まいは、築40年、1600万円で購入した古い中古マンションです。

5年間、ボロマンションに住んで浮いた家賃は約500万円。その分を頭金に入れて、残り1100万円を6年ローンで購入しました。毎月のローンの支払いは約16万円ですが、最初のボロマンションからの家賃8万円をローン支払いに充当しているので、手払いは8万円。気分的には非常に楽です。

息子が中学入学のタイミングでローンが修了したら、引っ越しをして、このマンションも賃貸に出す予定です。同じマンションの成約事例から、約16万円ほどで貸せるようなので、最初のボロマンションと、現在のマンションの家賃からのキャッシュフローは合わせて約24万円になる予定です。

もし、7年前に400万円でボロマンションを購入していなかったら、ずっと毎月家賃8万円を払い続けていたでしょう。その間の家賃は合計で約700万円になります。それだけ払っても何も残らないばかりか、その先もずっと家賃を払い続けなくてはなりません。

そう考えると、お金がお金を生むシステムというのは、なるべく早めにつくるほど有利だと思います。最初は少額でも、不労所得の積み重ねは、加速度的にその後の人生を、豊かで自由なものにしてくれるのです。

#「区分所有で行こう！」

## 対談 人気中古ワンルーム投資家ブロガー×きらめき不動産 後藤聡志

### 実践しているからこそわかる、中古ワンルーム投資のツボとは？

都内に中古ワンルームを10室所有している人気サラリーマン投資家ブロガー
ぴおほうさんに中古ワンルーム投資成功のポイントをお伺いしました。

**【プロフィール】ぴおほう**
40代サラリーマン。独身。現在区分所有10部屋ホルダー。
当初は区分＋一棟のハイブリッド不動産投資を目指していたが、区分の魅力にはまり、現在は区分専業で投資中。
所有資格：通関士・簿記２級・宅建・管理業務主任者・ＡＦＰ

２００７年　初めての投資用マンション購入
２００８年　投資用マンション2部屋購入
２００９年　投資用マンション3部屋購入
２０１０年　投資用マンション2部屋購入
２０１１年　投資用マンション2部屋購入
２０１１年　9月現在 投資用マンション10部屋　所有
２０１２年　今までの基盤を生かして、さらに不動産所得を拡大したい
２０１３年　プチリタイアしたいという目標

---

**後藤**　ぴおほうさんがワンルームマンション投資を始められたきっかけはなんですか？　また、不動産の中でも、一棟ではなく区分を選ばれた理由は？

**ぴおほう**　きっかけは株が儲からなくなったことと、給与以外の安定収入が欲しかったことです。僕がはじめた当時（２００７年）は、ＲＣ一棟物をフルローンで買うのが大流行していました。融資もおりたので、僕も最初は一棟物を買おうと思っていたんです。

しかし、渋谷区に1億円弱でRCのいい物件が出たので買おうとしたら、不動産会社の女性社長さんから「やめなさい！」って言われたんです。こちらとしては、「えーっ⁉ なんで駄目なの？」と拍子抜けですよ。

**後藤** 何で「やめなさい」だったんですか？

**ぴおほう** 「最初から一棟物なんてやめなさい、そんな多額の借金をしてまで買うものじゃありません！」と。お母さんみたいな人なんです。それが結構、心に響きました。

**後藤** それからは、区分ばかりで買い進められているんですね。やっぱり一棟物もいいかな、みたいな浮気心は起きなかったのですか？

**ぴおほう** 最初の頃は、5部屋くらい区分を買って、それから一棟物を買おうと考えていたんです。

でも、資格をとるために勉強をはじめて、設備や民法などの勉強をしていたら、「あ、これは無理だ。一人ではとても責任が負えない」と思うようになりました。区分は一棟物と違って、管理が楽なので、今は浮気心はないです。

**後藤** ご自身でマンション投資をされているから、知識が増えるとそれが武器になりますよね。

**【管理の悪いマンションの理事長に】**

**ぴおほう** 僕が持っている物件の一つに管理の悪いものがあって、本当に困っています。30戸程度のマンションなのに修繕積立金が月にたった1500円程度。それで、足りるわけがない。実際、かなり自転車操業状態になっています。管理会社さんも八棟くらいしか管理していない会社なので、ノウハウを持っていないんです。それで、僕が管理組合の理事長になって、改革に乗り出したところです。

**後藤** 区分の利回りを上げていくために、管理組合に入って管理をコントロールしていくという手法は聞きますが、実際にそうされている大家さんって結構いらっしゃるでしょうか？

**ぴおほう** いや、ほとんどいないと思います。買ったら放置、みたいな人が多いですよね。でも、管理会社さんは管理費から2～3割は手数料で抜いているのに、実際にはやっているはずの業務をやっていなかったりする。見積もりだって、分解見積もりまで出させると、やっていないはずの項目にも金額が入っているから、「これ、何をやったんですか?」って聞くと、「いや、それは……」って何も言えない。任せっぱなしだと、好き勝手にやられてしまうんです。

本当は、長期修繕計画なんかは25年以上のものを作るようになっています。でも、小さいマンションではほとんど作られていないのが現状です。その場しのぎで、自転車操業状態に陥ってしまっている。今度、そこをちゃんと25年スパンの計画を作りなさいという話をしてきます。それは理事長としてやらなくてはいけない仕事なんです。

**【都心の好立地限定で】**

**後藤** ぴおほうさんの物件は都心の好立地ばかりですが、物件を選ばれる基準は、立地が一番ですか?

**ぴおほう** 立地ですね。それで駅から近いほどいい。遠くても8分とかが限界で、10分離れたら、もう対象外です。

**後藤** これから買うとしたらどこの駅が狙い目ですか?

**ぴおほう** 田舎から出て来て住みたいと思う立地。自慢できるような、名前のある場所がいいですね。具体的には、港区などのブランド立地。あとは、中目黒などもいいと思って探しているのですが、物件が出てこないし、出てきてもすごく強気な値付けですね。

矛盾するようですが、あんまり物件が出てこないところを買いたいんです。例えば一番最初に買ったのは門前仲町なんですけど、もう全然、物件が出てこない。そういう出てこないところは、空室が出ても客付けに困りません。

立地については、ある先生がセミナーで「山の手線を時計に見立てたときに、3時から7時の間がいい」と言っていて、なるほど、と思いました。確かに、世田谷なども、名前はいいですけど実際は場所によって家賃の値崩れが激しいですから、場所を選んで買わないと怖いですね。

あとは、いくら23区内でも、足立とか板橋とかは個人的にはあまり欲しくないエリアです。でも、この区は絶対に駄目という訳ではなくて、買う値段とのバランスもあります。足立区でも、300万円だったら買いかもしれないし。

**後藤**　そうですね、板橋でもどこでも、安ければ利益は出るんですよ。明日、400万円で売れるものであれば、今日350万円で買っても損はしないじゃないですか。だけど競争も激しいので、そういう物件を探すのも至難の業ですが……。

今回の本では、出口を売却においていて、大体8年で売るモデルを考えているんです。8年間の物件価格下落＜8年分の賃料なら、8年後に最悪でも損をすることはない。

永遠に持ち続けると考えてしまうと、物件の選定も甘くなりがちです。だから、僕はあえて「売りましょう」としている。最初から、8年後に売っても利益が確定できるような物件を買わなくてはいけないんです。

**ぴおほう**　なるほど、金融商品的な目線ですね。

**後藤**　この間、外資系の金融関係の仕事をずっとされてきた方にセミナー講師をお願いしたのですが、その方は「リーマンショックなどの大きな事件がいつ起こるかなんて、絶対に誰にも読めない。他のあらゆる金融商品と比較しても、不動産ほどミドルリスクミドルリターンのものを、僕は他には知りません！」って、すごく熱く語っていました。それだけの経歴の人が言うと、説得力あるなって思いました。

**【情報はネットで】**

ところでぴおほうさんは、実はうちで買われたことがないんですよね（笑）親しくお付き合いされている業者さんはいないのですか？

**ぴおほう**　いないです。お友達はネットだけです（笑）。ヤフー不動産、アットホーム、後は不動産会社さんのサイトなどを見ていますね。直近で買った五反田の物件は、ネットに出た当日に、「すぐ見に行きます」って飛んでいって、その場で即決です。

**後藤**　今は皆さんネットで情報を見ているので、いいものは、ネットに乗せて30分で売れてしまうこともあります。今日買い付け、明日契約、明後日決済、最短3日で完了、っていうのは、実際にありますね。その五反田の物件を買ったポイントは何だったのですか?

**ぴおほう**　安かったからです。(笑)相場だと600～700万円くらいの物件が、555万円でした。

中古ワンルームマンションは相場ができあがっているから、僕のような素人でも、高いか安いかの相対的な価格判断がしやすいです。

**後藤**　ぴおほうさんはかなり勉強をされていますし、物件の評価も厳しい方だと思いますよ。

でも、それほど詳しくない一般の方が、相場並みの価格の平凡な物件を買ったから損をするかというと、別に損もしない。7%、8%のレベルのものがたくさんあるので、投資としては悪くないんですね。

**【一棟物とワンルーム】**

**後藤**　一棟物とワンルームマンション、それぞれのリスクについてはどう思われますか?

**ぴおほう**　ワンルームマンションの方が、リスクは少ないと思います。

僕は今後、繰り上げ返済をしていこうと思っているのですが、区分の場合、そんなに苦労せずに一戸づつ借金を返すことができる。一方、一棟物の場合、借金を全部返すのは大変です。1億くらいの物件だと、借金を返せるかどうかもわかりません。

特に地方は、賃料がどんどん下がる一方です。5年後、10年後には、賃料が安くても人が入らないような状況になると思います。そのリスクは大きいですよね。もちろん、大変な分、うまくキャッシュフローが回れば、うま味があると思いますけど。

ワンルームは、少なくとも大破綻はしないですよね。例えば、ほとんどないことだと思いますが、500万円で買ったものが300万円でしか売れなくて200万円損したとしても、その間の家賃で損は埋められるわけですから。

**後藤**　中古のワンルームだと、むしろ損するのが難しいです。実際、僕も会社のお金でプールしてあるものは、一時的にワンルームマンションに変えておいたりしています。現金で置いておいても増えないですし、必要な時にはすぐ換金できますから。

**ぴおほう**　ワンルームは、売買や賃貸を通しての実際の収支がわかりやすいのもいいですね。一棟物は突発的にかかってくる修繕工事などもあるから、自分でも実際の収支を把握しにくい。

修繕や設備系のことは、素人じゃわからないですよ。水回りだって、配管をスコープで調べたりとか、そこまではやっていないんじゃないでしょうか？　そのリスクを一人で負うのは大変だと思いますね。

**【一棟物の建て替え問題】**

**後藤**　地方の一棟物で、何とか返し終われば「最後は土地が残る」といっても、その土地が売れない可能性も高いですよね。そう思うと、固定資産税の負担だけが残ったりする、マイナス資産になる可能性もありますね。

**ぴおほう**　例えば6部屋あって建て替えをすると言ったときに、6人を追い出すのは実際は大変だと思いますよ。

昔、一軒家を借りて住んでいたときに、隣の家と一緒に建て替えの話が出たんですけど、隣のおじいちゃんが立ち退きに同意してくれなくて大変だったんです。次の所を手当しろとか、金だせとか、もうクレーマーですよ。大家さんも困っていたけど、一人でもごねる人がいて居座られたら、どうしようもないですから。ああいうのを見ていると、一棟物の建て替えが上手くいくのかなって、ちょっと心配です。

あと、大きなRC一棟物を買ってしまったら、それをなんとかしていくしかないけれども、ワンルームの場合はあちこちにバラして持つことができるのでリスク分散になりますね。

**後藤**　数年前に、渋谷区のまだ新しい賃貸マンションで有名な殺人事件が起こってしまって。テレビにもその物件の外観がガンガン映ったので、空室だらけになって資産価値が暴落してしまったそうです。一棟で持っていると、一部屋で事件があったら一発で全部がアウトですから……怖いですね。

賃貸用に作った一棟物と分譲のワンルームでは、作りも違いますよね。デベがちゃんと作っているから、同じ広さで同じ家賃だとしても、作りは数段良くなっています。

**ぴおほう**　その作りの良さもメリットですよね。コーポみたいなところだと、建物もそれなりというか。本当に音が筒抜けで聞こえますし居住性も劣りますから、そういうところに、まともな人が住んでくれるのか疑問です。

学生時代に風呂なしのアパートに住んでいましたが、それがトラウマになっています（笑）

**【賃貸管理について】**

**後藤**　自主管理をしている物件はありますか？

**ぴおほう**　全部、管理会社に委託して賃料の3％でやってもらっています。これからも、たとえリタイアして時間ができたとしても、自分ではやらないと思います。

例えば、総額50万円の家賃が入ってくるとして、3％で1万5千円でしょう？　それくらいだったら、やって貰った方が良いですよ。僕は、買った後に賃貸管理の部分で労働力を投入したことは全くないですね。

**後藤**　そこは大きいですよね。また比較するようですけど、一棟物の大家さんには、土日のたびに物件にいって、自分で草をむしったり不具合を直したり、場合によっては空室のセルフリフォームしたりと、かなりの時間と労働力を投入されている方がいますね。

**ぴおほう**　それでは、不労所得どころか、かなりの重労働ですね。

融資を受けて一棟物の物件を増やしても、その分手間が増えたり、借入比率が上がる事を考えると、ワンルームをキャッシュで買って増やしていくか、ばんばん繰り上げ返済をして残債のない物件を複数持っているのが、一番正解だと思いますよ。

それで社長のいうように、もし8年たっていやだったら、売っていけばいいわけだし。ちょっと困ったらこっちだけ売る、というのがフレキシブルにできるから気が楽ですよ。一棟物の場合は、202号室だけ売るとかできないですもんね。

**【融資について】**

**後藤**　融資は色んな所で上手に借りておられますが、何か戦略はあったのですか？

**ぴおほう**　金利の条件がいい都市銀行系から順番に借りていって、金利が高くて共同担保が必要なところは、最後の手段かなと思っていました。

**後藤**　一軒目はキャッシュで買われたんですね。二件目を買う時には、それを担保に入れたのですか？

**ぴおほう**　いえ、入れていませんね。担保に入れたのは、最近です。区分の場合、物件の担保力は余り関係ないのではないでしょうか？

**後藤**　日本政策金融公庫で借りる場合、一軒目として自宅なり無担保の何かがあると、そこを担保にして、二件目の物件を買うことができるんです。で、三件目は二件目を担保にして……というのを繰り返してやっていくと、買う金額はどんどん小さくなってはいくものの、理論的には永遠に買い続けられる。名付けて六本木スペシャル。（※六本木＝きらめき不動産の日本政策金融公庫を得意としている営業社員の名前）

**ぴおほう**　すごいですよね、六本木スペシャル。日本政策金融公庫で借りる場合、その物件には抵当がつかないなんて知らなかったので、この間、社長からお話を聞いて、

●「六本木スペシャル」図解

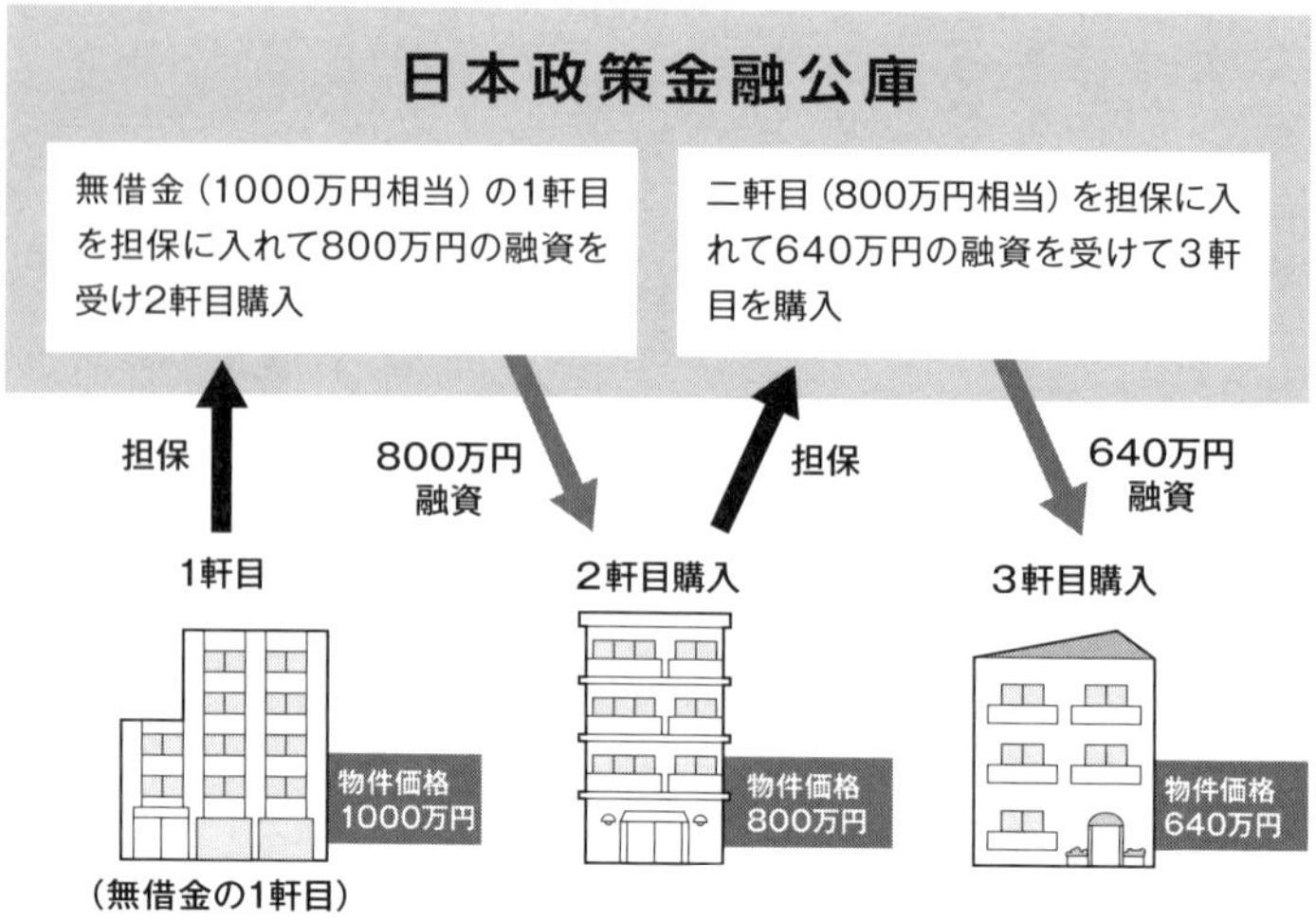

目から鱗でした。

**後藤**　そうなんですよ。基本的には、銀行さんでも信金さんでも、買う物件そのものに抵当権を設定して、お金を貸してくれるんですけど、日本政策金融公庫の場合は、既に所有権があるものにしか抵当権を付けてくれないんです。

だから、他の物件、自宅でも投資用の区分でもいいのですが、それに抵当を付けてお金を借りたら、買う前にもう新しい物件を買うお金を貸してくれるんです。

実際には未来永劫買い続けていけるわけではないですけど、最初の2軒は日本政策金融公庫で、その後は他で借りて、という感じでやっている人もいます。

**ぴおほう**　日本政策金融公庫は金利も低いし、良いと思います。僕もセミナーをやっていて感じるのですが、皆さん本当に興味があって聞きたいのは、融資の話。例えば某信金は、頭金を3割いれれば、区分でも融資してくれるのですが、そういう情報は意外に知られていないようで、みんな目がいきなり真剣になって、メモを取り出す（笑）

セミナーや大家さん同士の交流会では、こういった各自が持っている融資の最新情報も交換できるので、その点でもとても有益だと思います。

**【現在の実績】**

**後藤**　現在の所有物件全体の、平均利回りはどのくらいですか？

**ぴおほう**　実利で8～9％くらいでしょうか。

**後藤**　ずばりお聞きしますが、現在のキャッシュフローと、目標とするキャッシュフローは、それぞれおいくらくらいですか？

**ぴおほう**　今のキャッシュフローは、月に30万円弱くらいです。理想としては、月50万円くらいあればいいんですけどね。

**後藤**　ではもう、目標額の半分以上はすでに達成されているんですね。そのキャッシュフローはどうされているのですか？

**ぴおほう**　繰り上げ返済です。まんべんなくではなく、ある物件に集中して終わらせて、返済のない物件を増やしている感じです。来年くらいまでに4つくらい完済したいですね。

**後藤**　現在の返済比率はどのくらいですか？

**ぴおほう**　35％前後……40％に近いくらいです。

本当は、来年あと3部屋くらい欲しいと思っていたんですけど、金利上昇のリスクを考えると、残債を減らした方がいいような気がしています。とりあえずは現在の10部屋くらいを維持して、借金を減らしながら、ちょっと経済の情勢を見ながらという感じですね。

**後藤**　たまに、50戸、100戸というレベルの戸数をお持ちの方にもお会いするのですが、どこかで取得の加速度が変わるみたいですね。5戸か10戸かわからないですけど、家賃5万円の物件10戸あれば、毎月の家賃が50万円ですから、年間で600万円、それでさらに一戸買い増していけば、雪だるま式に増えていくらしいです。

## 【キャッシュの使い方】

**後藤**　これから買う方には、どういうやり方がおすすめですか？

**ぴおほう**　最初は、ある程度自己資金を厚くするか、キャッシュで一つ、小さめのを買っていくのが、すごく固い投資だと思います。600～700万円くらいで買ってみるのがいいんじゃないかな。

僕ね、最初に買った物件は1500万円くらいだったのですが、それをキャッシュで買ったら、営業の方に「あんまりそういう買い方する人いないですよ。600万円か700万円の物件を、2つキャッシュで買った方がいいですよ」って言われたんです。その時にはまだ意味がわからなかったのですが、今になると、「ああ、なるほどそうだな」って思いますね。やっぱり、その方が打つ手が増えますね。

## 【建て替え狙いもあり】

**後藤**　ワンルームマンション投資の出口については、どう考えておられますか？

**ぴおほう**　今の経済情勢が変わらないという前提で言うと、ずっと持っていて、うまく建て替えになって「今はワンルームだけど、20年たったら70㎡になっていた」そういうのが理想だと思います。

　これから、マンションの建て替えが本格化してきます。僕がこの前買った五反田の物件は、１００戸あって、結構敷地が大きいんです。五反田の駅3分。一等地でこれだけまとまった敷地は他にないから、持っていると建て替えで化ける可能性があるかもしれない。

**後藤**　敷地が大きくて容積率に余裕があれば、負担なしで建て替えられて、居住面積が広がる物件もありそうですよね。記憶に新しいところでは、桜上水団地が、建て替え狙いで価格が上がっていましたね。

**ぴおほう**　僕の周りの人でも、実際に立て替えで大きくゲットした人が2人くらいいるんですよ。代官山の物件で、ワンルームだったのが、60㎡くらいに化けたとか。宝くじより確率は高そうだし、夢があるでしょう？

　建替組合ができれば、建て替えに参加したくない人は売り渡し請求権がありますから、デベロッパーさんがお金を出してあげて、っていうのができる。

　そこも、他人任せではなくて、ある程度法律的な知識を持って組合に入り込んでいけば、計画も進めやすいような気がします。

●ブログ：区分所有でいこう!（ワンルームで資産形成）

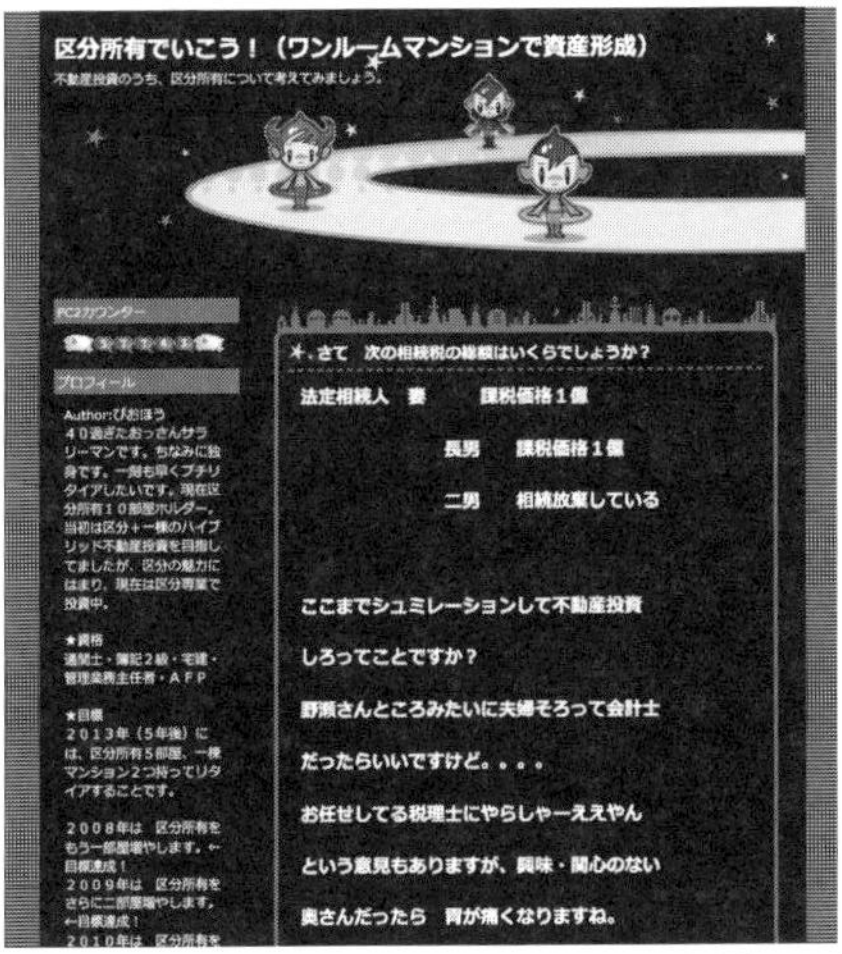


URL：http://kubun.blog110.fc2.com/

# 第4章

## 中古ワンルームマンション投資はスタートで決まる!

## 「安く買う」のが成功への第一歩！

不動産投資を成功させるための、一番重要なポイントは何でしょうか？

私は、「物件をいかに相場よりも安く買うか」ということに尽きると考えています。

多くの同業者がはっきりとは口に出さないことですが、不動産投資は、スタートの時点、つまり買値で、成功か失敗か8割方決まってしまいます。

相場よりも安く買っていれば、相場並みの家賃で貸しても高利回りが得られますし、いつでも買値以上で売ることができます。いつでも勝ち逃げできるという気楽さは、なにものにも代えがたいものです。

**安く買って、高利回りで貸して、高く売る。**

これが不動産投資における理想的な成功パターンです。

# 第4章 中古ワンルームマンション投資はスタートで決まる！

どんなに立地や設備が優れた物件でも、購入価格が高くて利回りが低い物件を買ってしまうと、利益を出すことは困難です。

例に出しては悪いのですが、バブル期に新築マンションを買ったオーナーさんたちは、高く買って、低利回り（場合によってはマイナス利回り）で貸して、安く売る、という真逆のパターンになってしまった方が大半です。

厄介なことに、スタートで高く買ってしまうと、売値よりも残債の方が多い時期が長くなるため、処分したくてもできないまま、結果的に何十年もその物件を保有せざるを得なくなってしまいます。

## 築浅中古は、販売コスト分安く買える

私が、「中古」に特にこだわってお勧めする理由も、単純にその方が物件価格が安く、利回りが取れるからです。

新築の場合、新築という一番の付加価値（プレミア）は、登記した瞬間に消えてしまいます。そして一度人手に渡ると、新築同様の状態でも2～3割は安くなってしまいます。

この安くなる2～3割の価格は、新築マンションを建設したデベロッパーの利益や、チラシや広告などの宣伝費、販売会社の利益、営業マンの利益等マンションを売る側が上乗せした販売コストの部分であり、マンションの価値そのものが下落したわけではありません。

実際、新築と中古の販売価格には大きな差が生じますが、家賃の違いはそれほ

# 第4章 中古ワンルームマンション投資はスタートで決まる！

●新築物件の価格には販売コストがのっている

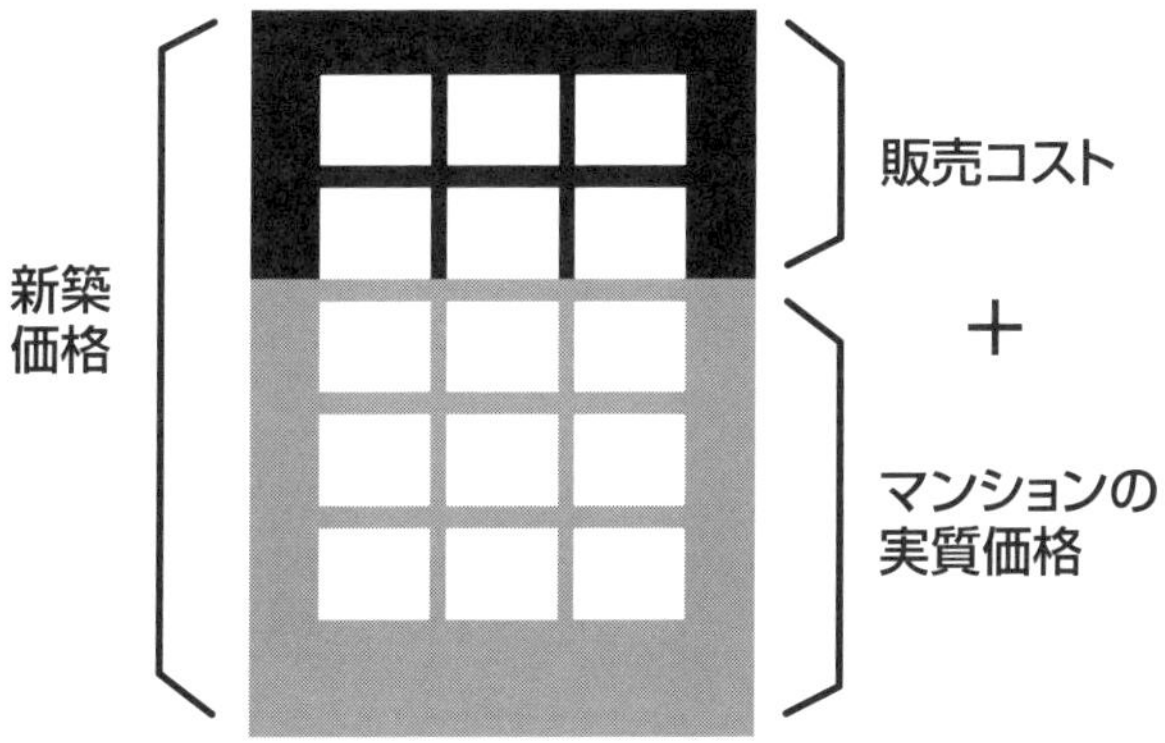


●新築後の経年と家賃下落の関係

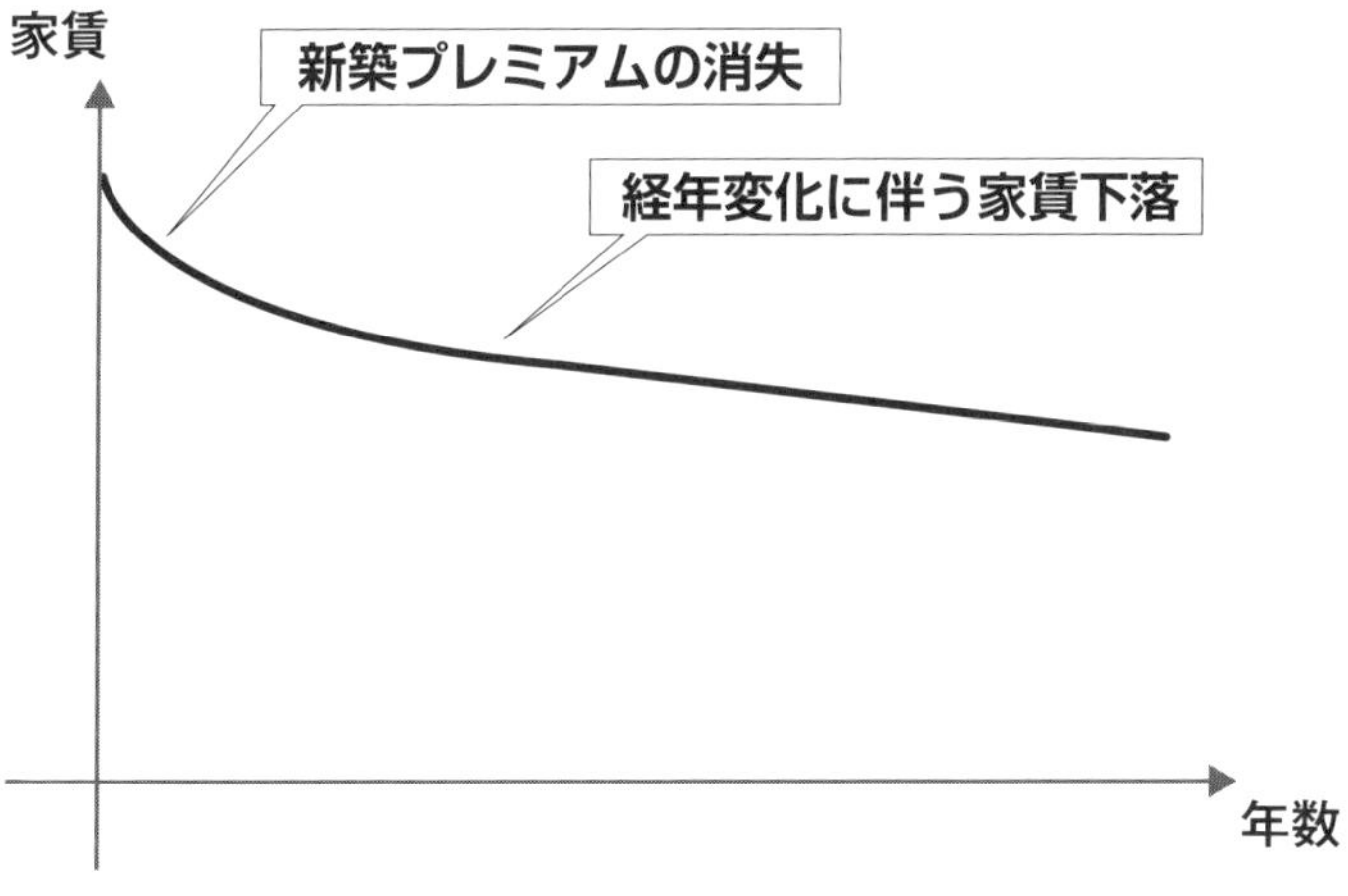

どでもありません。それは、ずっと住むマイホームと違って、賃貸では新築にこだわる人がそう多くはないためです。つまり、賃貸物件における新築の価値は、最初の入居付けの際に有利という程度のものといえます。

新築と中古の何百万円という価格差を考えると、より利益が上がる、コストパフォーマンスの良い方を選ぶべきです。

## 中古マンションを買うメリット

「安く買える」という価格面以外でも、中古マンションには、中古ならではのメリットがあります。

# 第4章 中古ワンルームマンション投資はスタートで決まる！

## ◆欠陥や瑕疵を避けやすい

建物の欠陥は、新築時から4～5年で発生するケースが多く見られます。中古であれば現状を見てしっかり選ぶことができるので、投資に適さない欠陥マンションを避けることが出来ます。

## ◆すぐに利益が発生する

新築物件は、賃借人を募集し、入居が決まって収益が発生するまでにタイムラグがあります。また、融資を利用して購入する場合などは、入居者からの家賃が入らない限り、全て持ち出しでローンを支払うことになり、資金的な余裕が必要になります。

中古の場合は、多くは「オーナーチェンジ」売買なので、すぐに収益の発生が見込め、年間の収支計画も立てやすいというメリットがあります。

### ◆履歴が確認できる

新築から今までの入居付けの実績や家賃の変動、管理の状況や周辺の環境、そのマンションの評判などを確認できるので、不確定要素が少なく、安心して投資ができます。

### ◆立地が良い

中古ワンルームの中には、都心の利便性の良い土地に、大規模に開発されたものが多くあります。

リーマンショック以降は、市況の悪化で新築ワンルームの供給が減少している上、東京23区では、新規のワンルームの建設を規制する動きがあるため、旺盛な

# 第4章 中古ワンルームマンション投資はスタートで決まる！

需要に対して今後の供給数が絞られています。そのため、好立地の中古ワンルームは、今後も賃料が下がりにくく、物件の資産価値を維持しやすいと思われます。

## バブル期物件と築浅物件

次に、中古同士の比較を考えてみましょう。投資用の中古ワンルームは、80年代後半から90年代

●ワンルームマンション供給数

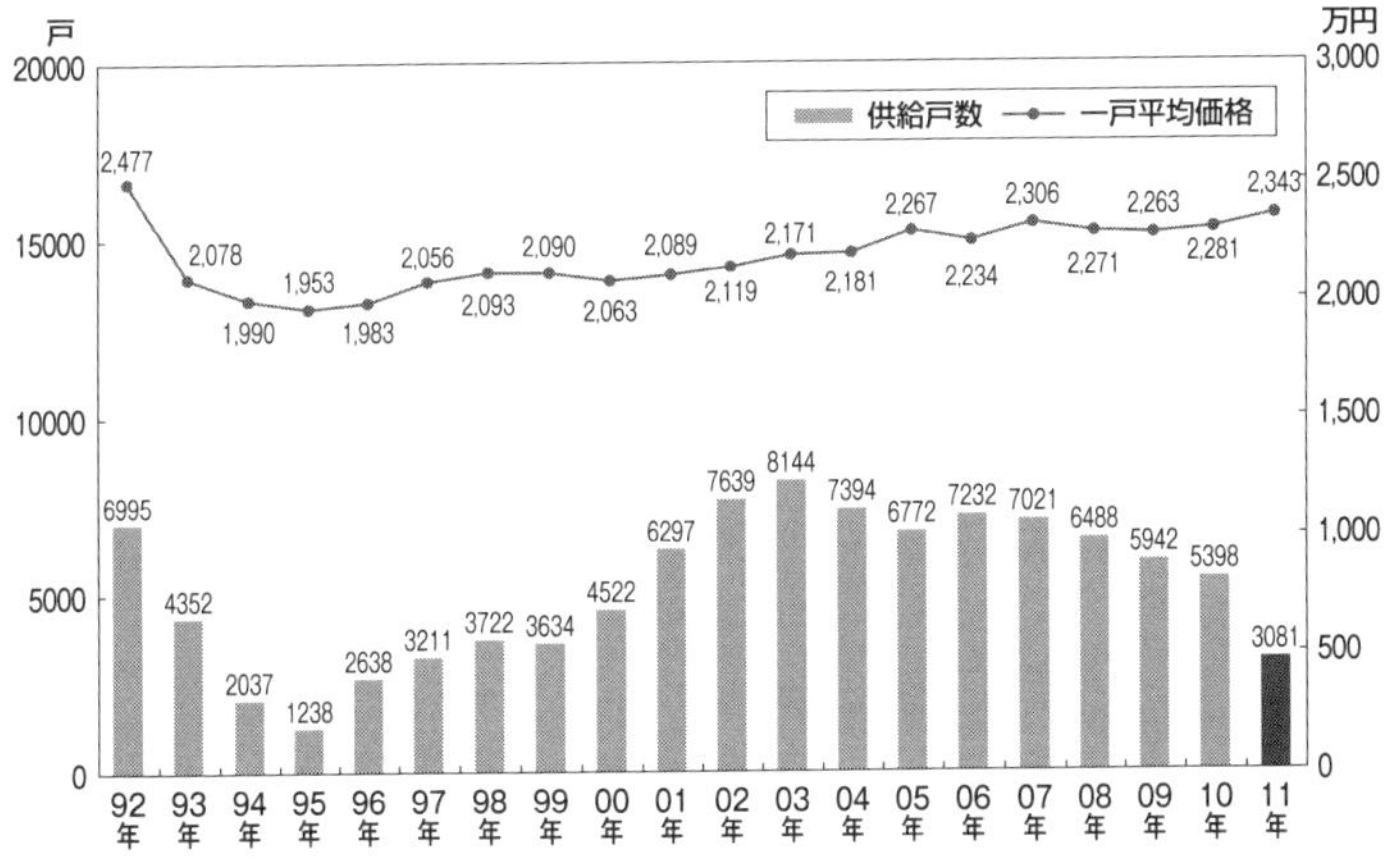


出典：東京カンテイ『2011年首都圏ワンルーム市場動向』

初頭のバブル期に建設された「バブル期物件」と、1998年以降に分譲された「築浅物件」にわけられます。

バブル期の物件は価格が下がっているので利回りが高くとれますが、その分、バス・トイレ・洗面が三点ユニットだったり、設備が古かったり、面積が狭かったりという問題があります。

一方、築浅の物件は物件価格が高い分、利回りは下がるものの、長く稼働させることで利益を上げ続けることができます。また、面積は20㎡〜30㎡台と広めのものが多く、最新の設備も導入されていることから、入居付けがしやすいというメリットもあります。

●首都圏新築ワンルーム　供給戸数と価格の推移

| | バブル期物件 | 築浅物件 |
|---|---|---|
| 築　年 | 1987年〜1992年 | 1997年〜2009年 |
| 利回り | 実質8〜15% | 実質5〜8% |
| 価格帯 | 200万円〜1000万円 | 1000万円〜1600万円 |
| 利回り | 実質8〜15% | 実質5〜8% |
| 広　さ | 15〜20㎡ | 18〜30㎡ |
| 設　備 | オートロック・三点ユニット・電気コンロ　etc | モニター付きオートロックバス・トイレ別　宅配ボックス　ガスコンロ　etc |

第4章 中古ワンルームマンション投資はスタートで決まる！

どちらもそれぞれメリットとデメリットがありますので、両方を組み合わせて持てば、リスクを分散することができます。

きらめき不動産では売却を出口に考えていますので、バブル期の物件でも、築浅の物件でも「8年後にいくらで売れるか？」という目線で物件を選択するようお勧めしています。

# ワンルームマンション開発規制条例

## ◆なぜワンルームマンション開発が規制されるのか

現在、東京都では23区それぞれにワンルームマンションを建築する際の規制条例（または指導要綱）が制定されています。

条例は各自治体によって異なりますが、規制の主たる目的は、ワンルームマンション建設数の抑制や、居住者のマナー改善と近隣住民とのトラブルの防止、ワンルームマンション居住環境の向上などがあるようです。

このようにワンルームマンションが規制されるようになった原因の一つは、単身者の多いワンルームマンション住民と、近隣住民とのトラブルが増えてきたことにあります。

地域コミュニティへの参加が少ない、ゴミ出しマナーが悪い、自転車を路上に駐車する、学生が夜間に騒ぐ等のトラブルが頻発したことで、ワンルームマンションの建設に反対する住民運動も起こるようになりました。

また、自治体としても転居が多く、住民として定着しない単身者世帯よりも、地域の活性化につながるファミリー世帯を誘致したいという意図があるようです。

### ◆規制の影響は？

ワンルームマンション規制により、制定以降に建設された新築ワンルームマンションは、次のような特徴があると考えられます。

●建築コスト上昇↓分譲価格の上昇
●専有面積拡大↓賃料が上昇

## ●ワンルームマンション規制一覧

| エリア | 規制内容 | 規制法令 |
|---|---|---|
| 千代田区 | ■専用面積22㎡以上■総戸数20戸以上の場合、住戸（40㎡以上）の専用面積の合計が全住居の専用面積の合計の1/3以上指 | 指導要綱 |
| 中央区 | ■住宅戸数10戸以上の場合、40㎡以上の住戸の合計面積が全体の1/3以上。その余りの住戸は25㎡以上。 | 条例 |
| 港区 | ■総戸数7戸以上■専用面積20㎡以上（商業地域）、25㎡以上（商業地域外）■総戸数30戸以上の場合は、用途地域区分に応じた家族向け住戸併設 | 条例 |
| 新宿区 | ■3階建以上■総戸数10戸以上■専用面積25㎡以上■住戸数30戸以上の場合は、40㎡以上の住戸を併設 | 条例 |
| 文京区 | ■3階建以上■総戸数10戸以上■専用面積25㎡以上■総戸数が15戸を超える場合は、総戸数から15を減じた数の1/2以上を40㎡以上の住戸を併設 | 条例 |
| 台東区 | ■総戸数10戸以上■専用面積25㎡以上■15戸～49戸の場合は、総戸数の1/3以上の住戸（40㎡以上）を併設、また建物の高さが40mを超えたら、1/9以上の住戸（50㎡以上）を併設 | 条例 |
| 墨田区 | ■5階建以上■総戸数15戸以上■専用面積25㎡以上■住戸数が25戸以上の場合は、総戸数の30%以上の住戸（40㎡以上）を併設 | 条例 |
| 江東区 | ■3階建以上■総戸数20戸以上■専用面積25㎡以上 | 条例 |
| 品川区 | ■3階建以上■総戸数15戸以上■専用面積20㎡以上（第1種低層住居地域は25㎡以上）■住戸数15～19戸の場合は1戸以上、住戸数20～29戸の場合は2戸以上、住戸数30戸を超える場合は、用途地域に応じて40㎡以上の住戸を併設 | 指導要綱 |
| 目黒区 | ■3階建以上■総戸数10戸以上■専用面積25㎡以上■住戸数が30戸を超える場合、40㎡以上で平均55㎡以上の住戸を一定の割合で併設 | 条例 |
| 大田区 | ■総戸数15戸以上■専用面積25㎡（低層住居系）、最低20㎡以上（その他の用途地域）■総戸数15～30戸の場合、37㎡以上の住戸を1戸以上、また30戸を超える場合、用途地域に応じて37㎡以上の住戸を併設 | 指導要綱 |
| 世田谷区 | ■3階建以上■総戸数12戸以上（住宅系地域）、総戸数15戸以上（商業系地域） ■専用面積25㎡以上■総戸数30戸を超え、且つ延べ床面積1,500㎡以上の場合、30戸を超える1/2以上は50㎡以上の住戸を併設 | 条例 |
| 渋谷区 | ■3階建以上■総戸数15戸以上、且つ総戸数の1/3以上が29㎡未満■専用面積20㎡以上（第1種、第2種低層住居地域）、18㎡以上（その他の用途地域）■用途地域に応じて39㎡以上の住居を併設 | 条例 |
| 中野区 | ■3階建以上■総戸数15戸以上■専用面積20㎡以上（第1種、第2種低層住居地域）、18㎡以上（その他の用途地域）■全住戸数の1/5以上の住戸の専有面積を39㎡以上併設 | 指導要綱 |
| 杉並区 | ■3階建■総戸数20戸以上■専用面積25㎡以上■総戸数30戸を超える場合は、40㎡の住戸を1/2以上併設 | 指導要綱 |
| 豊島区 | ■3階建■総戸数15戸以上■専用面積20㎡以上■面積が25㎡以下の住戸が15戸以上、且つ総戸数の1/3以上ある新規建築のマンションには、1戸あたり50万円程度の税金を建築主に課税する | 条例 |
| 北区 | ■3階建以上■総戸数15戸以上■専用面積25㎡以上（北区居住の個人建築主の条件付で22㎡以上）■40㎡未満の住戸30戸以上含む場合、総戸数から30を減じた数の1/2以上の住戸（55㎡以上）を併設 | 条例 |
| 荒川区 | ■総戸数15戸以上■専用面積25㎡以上■総戸数30戸以上の場合は、住戸の半数以上は50㎡以上を併設 | 条例 |
| 板橋区 | ■3階建以上■総戸数15戸以上■専用面積25㎡以上■30戸以上の住戸を建設する場合55㎡以上を1/3以上、又は高齢者、障害者向けの住戸を併設 | 条例 |
| 練馬区 | ■総戸数20戸以上■専用面積20㎡以上 | 条例 |
| 足立区 | ■3階建以上■総戸数15戸以上■専用面積22㎡以上■22㎡～55㎡未満の住戸が30戸以上になる場合は、29戸を超える住戸の面積を75㎡以上 | 指導要綱 |
| 葛飾区 | ■3階建■総戸数15戸以上■住戸数15戸～29戸の場合、住戸数の1/2以上を55㎡、30戸以上の場合は平均床面積を65㎡以上とし、住戸数の2/10を75㎡以上、3/10を55㎡以上、5/10を25㎡以上 | 指導要綱 |
| 江戸川区 | ■3階建以上■総戸数15戸未満の場合…住居専用面積を平均30㎡以上、15戸を超える部分は平均70㎡以上■30戸未満の場合…住居専用面積を最低25㎡以上、30戸を超える部分は最低50㎡以上（個人事業主が賃貸住宅を建築する場合） | 条例 |

●立地の良い建設用地が少ない→物件が郊外に移る

規制以降の新築ワンルームマンションでは「便利な場所に安く住みたい」という単身者層のニーズとずれが生じるため、既存の中古ワンルームの需要と人気は、底堅く推移するものと思われます。

## きらめき不動産で「安く買える」秘密

### ◆仲介手数料のみだから、安い!

きらめき不動産では、他社よりも安く物件をご紹介出来るよう、日々努力しています。

なぜこのようなことが可能かというと、まえがきでも触れましたが、他社のようにお客様から売り物件を買いとって利益を乗せて転売するのではなく、純粋に売買の仲介手数料を収益の柱とした仕事をさせていただいているからです。

業者の転売益がのらない分、売主さんは今までよりも高く売ることができますし、買主さんは今までよりも安く買うことができるのです。

## ◆買値にこだわれば、今でもキャピタルゲインが得られる

お客様はリピーターの方やご紹介でいらっしゃる方が多いのですが、中には、当社で購入した物件を賃貸に出しながら希望価格で買ってくれそうなお客様を探して売却し、今度は他社さんで安く買った物件を当社で売却する…。そんなセミプロ級の方もいます。

同じ商品を安い市場で買って、高い市場で売る。この価格差を利用しての売買

（アービトラージ）は株などで知られるローリスクな投資法ですが、これと同じことを、業者間の価格差やシーズン需要の波を利用して、中古ワンルームでもおこなうことができるのです。

安く買うことにこだわれば、このご時世でも、キャピタルゲイン（転売益）を得ることも可能です。

もっとも、5年以内の短期転売ではいくら転売益があっても39％は税金で取られてしまいますので、まずは賃貸で地道に利益を積み上げて、5年以上所有してから売る（その場合は、利益に対する税金が20％になります）という投資をお勧めしています。

## ◆電話営業は売却依頼だけ

きらめき不動産は、売主様から直接、投資用中古ワンルームマンションをお預かりしている数が、神奈川県でナンバー1となっています。

お客様の方から「持っている中古ワンルームを売りたい」というご依頼を頂くことも多くなってきましたが、電話による地道な営業活動も続けています。

ワンルームマンションの電話営業というと、だまされるとか、一度話をしてしまったら買うまで何度でも何度でも電話をかけてくるなど、とかく悪いイメージを持たれがちですが、それはバブル時代の新築営業の印象が強いからかもしれません。

当社では、中古ワンルームのオーナーさんに「売っていただけませんか」というお電話はしますが、無作為に「買ってください」というお電話はしません。

そんな営業をしなくても、過去最高の取引数が示しているように、中古ワンルーム業界は現在活況を呈しており、いい物件が出るのを待っているお客様がたくさんいる、売り手市場なのです。

なお当社では、どのように売却依頼のお電話をしているか、実際の音声をＨＰで公開しています。「ここまで公開するのか⁉」と同業他社からは驚かれましたが、自ら積極的に情報公開していくことで、ささやかながら、ワンルームマンション業界をもっと風通しのいいものに変えていけたらと思っています。

## ◆価格以外で動く売り主の心理

中古ワンルームを良い条件で売ってもらうためには、売り主さんの心理状況を考えた交渉をする必要があります。

売主さんも人間ですから、日々、心理状態で考えが変わります。

例えば、「絶対にこの値段以下では売らない」とおっしゃっている売主さんでも、その価格では反響がなかったり、きつい指値の買い付けが続いたりすると、だんだん弱気になってきます。

その心理状態の変化を見逃さないように、納得できる理由を挙げながら価格の再考をお願いしたり、入居者の退去や大規模修繕など、目先の出費がありそうなイベント前にお話を持ちかけたりして、売却を決断していただくこともあります。

以前、バブル期に購入された60代以上のオーナーさんで、余りにも安く同業他社に売ろうとされているのを、ご子息が心配して相談にこられたケースがありました。

いくらこちらが「それは安すぎですよ、相場はいくらで、うちならいくらで買いますよ」と過去の売買データ等の客観的な資料をもとにご説明しても「もう、最初にあの営業さんに売るって言ってしまったから…」と、ご納得いただけませんでした。

オーナーさんの心理としては、何度も電話でやりとりをしたその営業さんとの人間関係に義理を感じたのでしょう。人間は、損得勘定だけでは動かないのです。

逆に、当社の営業マンが気に入られて「あんたに任せるわ！」と、売却価格を一任されることもあります。

お目当てのマンションがあって、ある程度気長に待つことができるのであれば、営業マンに売り主の心理に注目した価格交渉を頼んでみてはいかがでしょうか。

# 第4章 中古ワンルームマンション投資はスタートで決まる！

## 空室リスクの低い物件を選ぶには

### ◆家賃を生む物件が良い物件

賃貸不動産経営で、一番困ることは「空室」です。いくら利回りが高くても、人が入らない限りは絵に描いた餅、しかも空室が続く限り、毎月のローンや修繕積立金、管理費などの経費はすべてオーナーの持ち出しになります。

実際に入居者が住んで毎月の家賃が払ってこない収益物件は、オーナーの資産を食いつぶす不良資産になってしまうのです。

## ◆見せかけの高利回りに騙されるな

リーマンショック後、東京・大阪・福岡などの主要都市の好立地に建てられたオシャレなタワーマンションの1Fには、判で押したように「FOR　RENT」という青い文字の看板が出ていました。

これはまさに、絵に描いた餅の典型です。REITやファンドが新築プレミアをたっぷり乗せた、高い家賃を想定してお金を集めて建設したものの、実際にはその家賃で入居してくれる人はいなかったのです。プチバブルがはじけたことも影響しましたが、要は、想定家賃が高すぎたということです。

この時期、同じ事が新築の投資用マンションでも起こりました。しかし、家賃を下げて入居者を入れれば利回りが下がってしまいます。そこで、客付け業者に4ヶ月、5ヶ月といった高額の広告費を出したり、フリーレントを付けたりして高い家賃のまま入居者をつけ、見かけの利回りをキープして売りさばいた販売業者もいたようです。

このような物件の場合、当初の入居者が退去してしまうと、同じ家賃では次の入居者は決まりません。家賃を下げて空室を埋めると、想定していた利回りには遠く及ばず、キャッシュフローがマイナスになってしまうというケースもあります。これでは、オーナーさんはたまったものではありません。

いくら条件が良い物件でも、その家賃で今後も借り手がいるのか？　実際にはいくらで貸せる地域なのか？　という家賃相場の感覚を見失わない事が重要です。

### ◆中古マンションは履歴をチェック！

中古の場合は、今まで賃貸に出されてきた履歴がわかります。これも、新築に比べてリスクが低い点です。

今までの賃貸歴（レントロール）には必ず目を通すようにし、管理会社へのヒアリングも行うようにしてください。余りにも短期間に賃借人が出入りしている場合は、何か住みづらい問題があるのかもしれません。特に、迷惑な住人がいる、地域の治安が悪い、音が響くなど、住み心地の部分はちょっと見ただけではわからないので注意が必要です。

また、賃借人が入っているオーナーチェンジ物件の場合は、入居の時期や入居者の属性、特に滞納がないか、家賃の支払いに遅れがないかなどは、必ず確認してください。

## ◆プロのカンや知識を借りよう

当社では、物件の管理や客付けもしています。毎日お客様をご案内している賃貸営業マンから見ると、図面を見ただけで、すぐに決まる物件かどうか、いくらなら貸せるのか、どんなお客さんが借りるか、大体カンでわかるといいます。

物件のある駅周辺の賃貸不動産会社を訪ねて、「購入したら管理や募集をお願いしたいのですが」と伝え、マイソク（一枚に、物件概要がまとめてあるチラシ）を見せて、その物件についての意見を聞いてみるのも良い方法です。

この場合は、公平な意見を知るために、一社だけではなく、複数の不動産会社の意見を聞いてみてください。

## ◆インターネットで検索をしてみよう

現在、お部屋探しに不動産会社を訪れるお客さんの多くは、あらかじめインターネットの不動産ポータルサイトで、物件を検索してから来ています。

多くの方が検索の軸にするのは、家賃（○万円以内）、最寄駅、駅からの所要時間（徒歩○分以内）です。

似たようなスペックの物件が多い中古ワンルームの中で、「この部屋が見たい！」と選ばれるためには、検索の上位に来るほど有利です。

購入を検討している物件があったら、まず同条件で不動産ポータルサイトを検索し、その物件がどのくらいの順位で表示されるかを確認してみてください。

いくら現在の利回りが高くても、家賃が相場より高いようだと、次回の募集の際には、家賃を下げなくては空室が埋まらないかもしれません。その場合の利回りなども想定の上、購入すべきか否かを検討しましょう。

# 第5章

## 融資の利用で資産形成を加速！

## 融資について

不動産投資では、少ない自己資金（頭金）でも、購入する物件を担保とすることで銀行から自己資金の何倍ものお金を借りることが可能です。

株やFX、金や外貨、債権など金融商品はたくさんありますが、銀行が融資してくれる金融商品は、中古ワンルームを含む不動産だけです。これは、銀行が土地や不動産はローリスクな手堅い投資であると認識しているからです。

「中古ワンルームへの融資は厳しいのではないか？」

そのような質問もよく受けますが、都市銀行から地銀、信金、ノンバンク、日本政策金融公庫など、幅広い金融機関が中古ワンルームに融資をしています。

# 第5章 融資の利用で資産形成を加速！

●融資のレバッレッジ効果

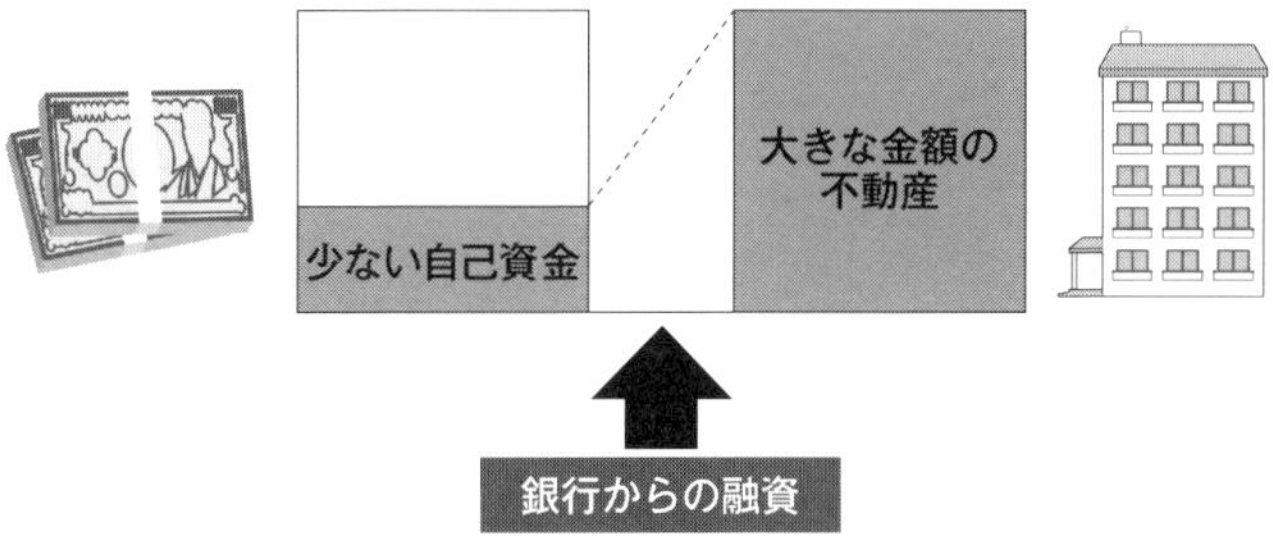


レバレッジ効果がはたらくので
より効率的にお金に働いてもらえます

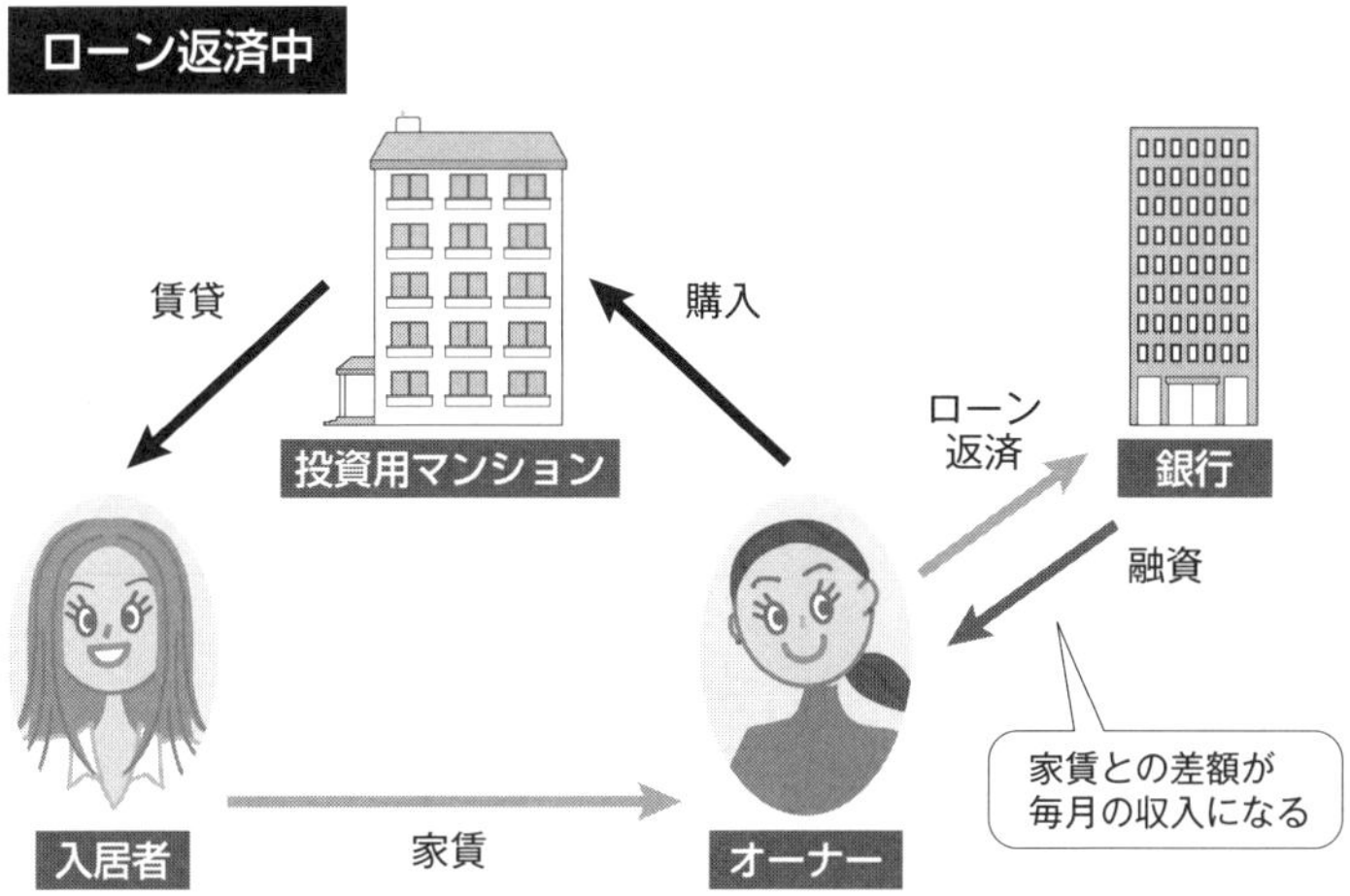

## 不動産会社の提携ローン

実際にローンを組めるかどうかは、融資を申請した人の属性や物件の条件、申し込む金融機関によって変わってくるので一概にはお答えできないのですが、一般的に、中古ワンルームの場合は、個人で金融機関に打診をするよりも、不動産会社が提携している金融機関に申し込んだ方が、融資される確率がアップします。

一言で金融機関の融資担当者といっても、住宅ローンの担当、一棟物のアパートやマンションへの事業ローンの担当者など、それぞれに担当や得意分野があります。不慣れな案件への融資は、当然審査が厳しくなります。

一方、中古ワンルーム業者と提携している金融機関の担当者ならば、何度も中古ワンルームへの融資を通した実績があるので、その金融機関での決済が通りやすいのです。

また、面倒な事務手続きも、不動産会社の担当者が間に入ってサポートしてくれますので安心です。

ただし、いくら融資がついても、金利が高いローンしか組めないのであれば、キャッシュフローが大きく目減りしてしまいます。どのような金融機関と提携していて、利用できるローンの金利はどのくらいなのかということも、業者選びのポイントの一つだといえるでしょう。

## レバレッジを利用する

当社では、中古ワンルームを購入する際、自己資金が足りない方だけでなく、購入金額以上の自己資金をお持ちの方でも、融資を利用されています。これは、借金のレバレッジ（てこ）を効かせて、より効率的に資産運用をするためです。

読者のみなさんの中には「借金は金利が高いし、怖い。貯金をしてから現金で買いたい」という考えをお持ちの方も多いでしょう。

現金購入が一番健全で安全な方法であることは否定しませんが、中古ワンルームを購入するには200～1000万円以上というまとまった資金が必要になりますので、目標額の達成までには相当の年月を要します。貯金期間＝投資機会のロスでもあります。

ここでは、現金購入を目指して貯金する場合と、融資を受けて先に物件を購入する場合で、実際にはどのくらいの差がつくのか、具体的な数値を入れてシミュレーションしてみましょう。

## ◆シミュレーション⑤
## 貯金オンリーVS融資で物件購入&貯金の比較

# 第5章 融資の利用で資産形成を加速！

## ●貯金オンリー VS 融資で物件購入&貯金の比較

**Aさん** …毎月５万円貯金、700 万円貯まったら現金でワンルームマンション購入予定

**Bさん** …毎月５万円貯金＋フルローンで 700 万円のワンルームマンションを購入

> 計算をわかりやすくするために、シミュレーション上のワンルームマンションの条件はすべて同一とします。
> マンションは 700 万円、家賃 7 万円、諸経費（修繕積立金・管理費・固定資産税）月額計 1 万 5 千円。融資を受ける場合は15年ローン、金利2.5%、8年ごとに売却して清算。マンションの予定売却価格は毎年2.5%づつ減価するものとします。また、売買諸経費（購入・売却手数料、登記費用など）は清算価格を出す際に引くものとする。

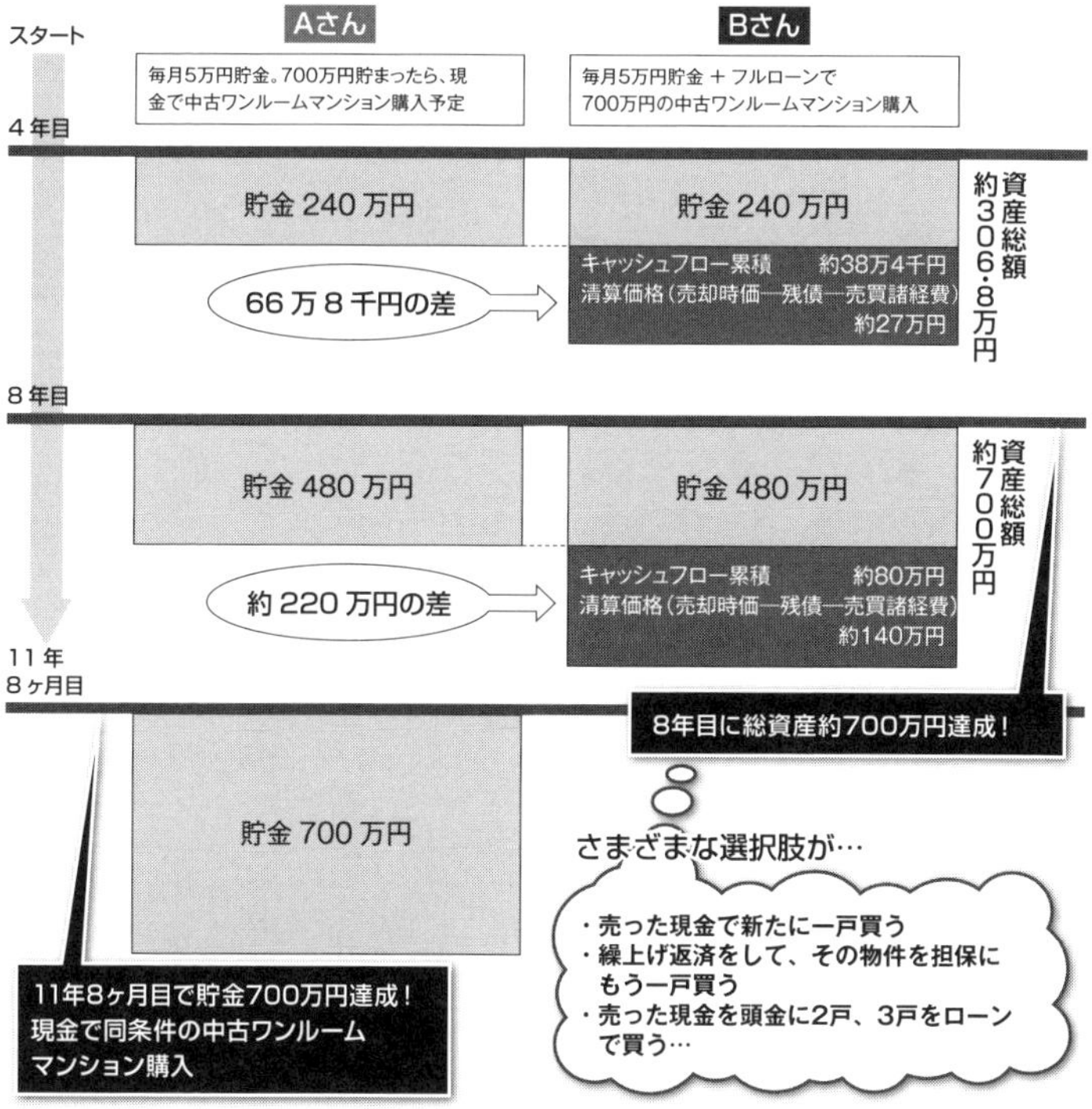

このように、ローンを組んで先に投資を始めたBさんの方が、金利を払っても約3年8カ月も早く総資産が700万円に達しています。なお、Aさんとの差額は投資開始後8年目の時点で、220万円になっています。

この時点で売却して、現金700万円でAさんのように新たに中古ワンルームを買うのも良いですし、繰り上げ返済をして残債をなくし、新たな物件の担保として使って、もう一戸買うのも良いでしょう。

また、売った現金を頭金に、2戸、3戸目をローンで買って、資産構築のスピードを上げるという方法もあります。

自己資金が増えるに従って、投資方法の選択肢も増えてきます。

では、次に自己資金を700万円持っている場合、資産分配と運用の方法によって、どのくらい収益に差がでるのかを、シミュレーションしてみましょう。

# 第5章 融資の利用で資産形成を加速！

## ◆シミュレーション⑥ 自己資金700万円の資産分配と運用方法

現金で、700万円の中古ワンルーム（実利9％）を一戸買って、8年後に売却した場合、清算価格は約1030万円です。

一方、現金700万円を、現金などの流動性の高い資産に100万円、株や外貨など投機性の高い資産に100万円（年利2％）、1000万円の築浅物件（実利7％）の頭金に300万円、700万円のバブル期物件（実利9％）の頭金に200万円、と分散して投資した場合、8年後の清算価格は計約1200万円になります。現金で一戸を買った場合との差額は、約170万円です。

いざというときのための現金を残し、頭金を3割近く入れて築浅とバブル期の中古ワンルームを複数所有、さらに他の金融投資を1割組み合わせるというかなりリスクを抑えた組み合わせでも、融資のレバレッジの力を使うことによって投資効率が上がっているのがお分かりになると思います。

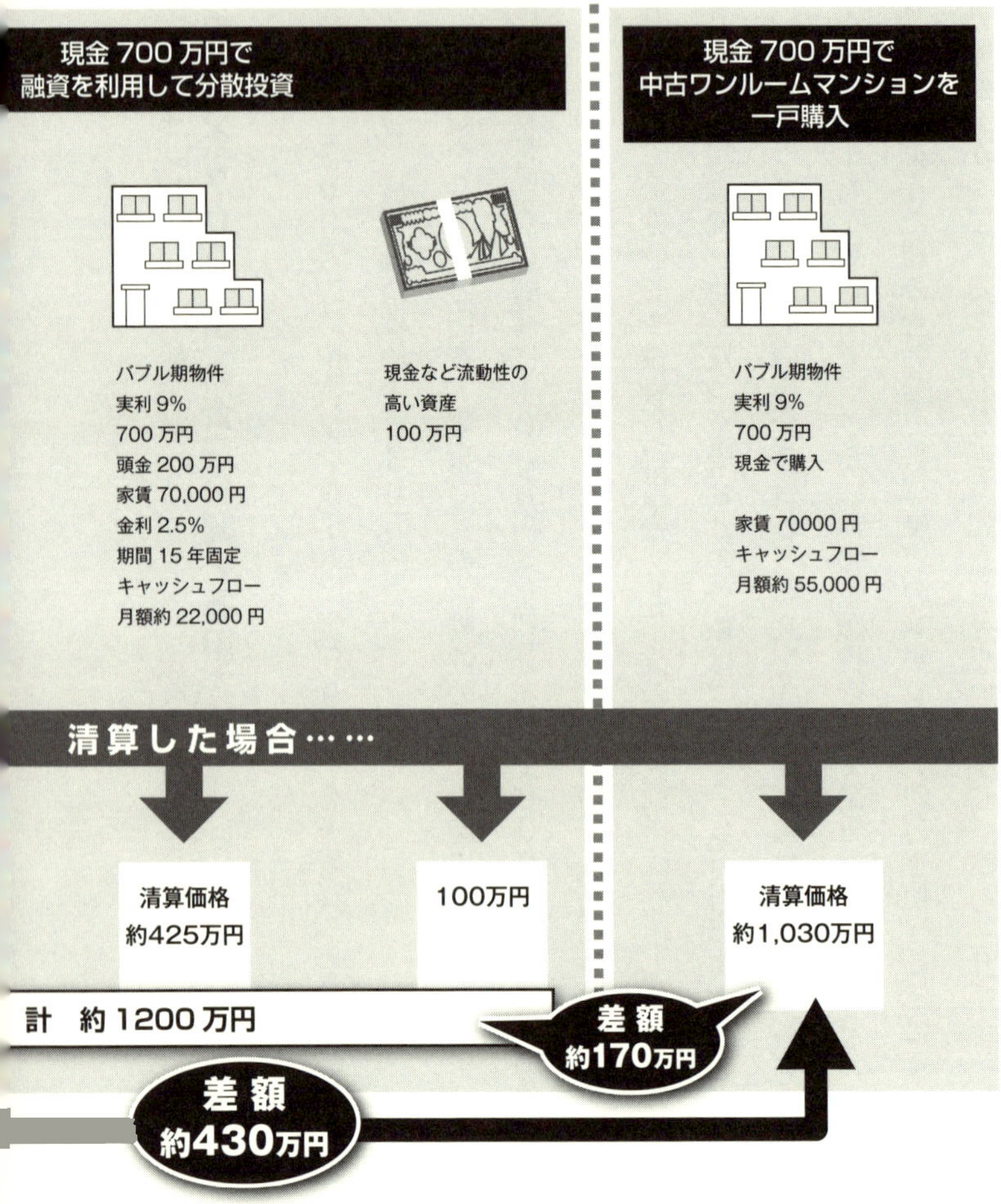
現金 700 万円で
融資を利用して分散投資
バブル期物件
実利 9%
700 万円
頭金 200 万円
家賃 70,000 円
金利 2.5%
期間 15 年固定
キャッシュフロー
月額約 22,000 円
現金など流動性の
高い資産
100 万円
現金 700 万円で
中古ワンルームマンションを
一戸購入
バブル期物件
実利 9%
700 万円
現金で購入
家賃 70000 円
キャッシュフロー
月額約 55,000 円
清算した場合……
清算価格
約425万円
100万円
清算価格
約1,030万円
計 約 1200 万円
差額
約170万円
差額
約430万円

# 第5章 融資の利用で資産形成を加速！

●自己資金700万円の資産分配と運用方法

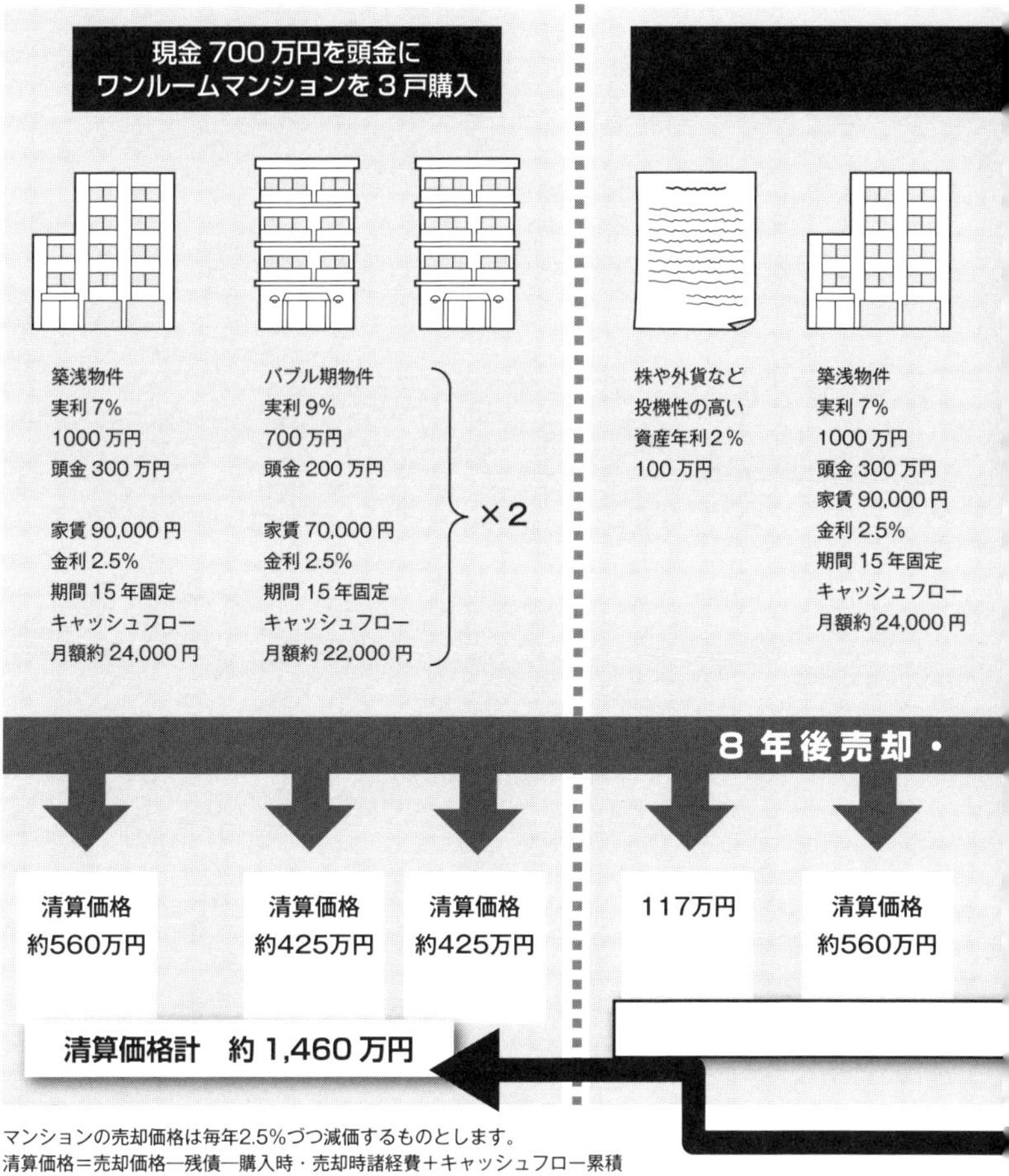


マンションの売却価格は毎年2.5%づつ減価するものとします。
清算価格＝売却価格─残債─購入時・売却時諸経費＋キャッシュフロー累積
※あくまでも試算であり、投資の結果を保証するものではありません。

これはあくまでも分散の一例ですので、様々な組み合わせを考えることができます。

例えば、もう少しリスクをとって現金100万円と金融資産100万円に振り分けていた200万円を頭金に、もう一つ同条件の700万円バブル期物件（実利9%）を買った場合（前ページ図）は、8年後の清算価格は約1460万円になり、現金で、700万円の中古ワンルームを買った場合との差額は約430万円になります。

家族構成やライフプランによっても、その時にどの程度のリスクをとって資産構築をするべきかは変わってきますので、求めるリターンとリスクのバランスを考えながら、最適な組み合わせを考えてみてください。

# 第5章 融資の利用で資産形成を加速！

## 団体信用保険

住宅ローンは高額のため、20年、30年といった超長期にわたっての返済になることも珍しくありません。

返済の途中で借主に万が一のことがあったときに備え、住宅ローンには生命保険が付随しています（団体信用生命保険（通称「団信」と言われています））。

団信は、住宅ローンの返済途中で死亡、高度障害になった場合に、本人に代わって生命保険会社が住宅ローン残高を支払う制度です。金融機関が、ローンの利用者をまとめて生命保険会社に申し込むもので、掛け金も安く、また加入時年齢による条件の差がないので、メリットの多い保険であるといえます。

もし加入していない場合に一家の大黒柱に万が一のことが起こったら、残された家族は住宅ローンに追われて暮らさなければなりません。マイホームに安心して住み続けるために、団信は欠かせない存在といえます。

投資用の中古ワンルームの場合も、ローンで購入していれば、万が一の時には団信で残債を精算できます。その後、物件から得られる毎月の家賃収入は、残された家族をずっと経済的に支えてくれるはずです。

## 頭金と繰り上げ返済

不動産投資で、キャッシュフローに一番大きな影響を与えるのがローン金利です。

バブル崩壊後、長らく続く超低金利政策のもと、日本の政策金利は現在もほぼゼロパーセントに近い水準に張り付いたままです。金融機関の貸出金利も、政策金利と連動して低水準に抑えられています。これは不動産投資にとっては追い風と言えます。

しかし、現在の低金利ではキャッシュフローが出ていても、ローン期間中に金利が少しでも上昇した場合にはキャッシュフローはたちまち悪化し、場合によっては、マイナスになってしまう可能性もあります。

私たちはすっかり超低金利やデフレ状態に慣れてしまっていますが、このような低水準の金

●住宅ローン金利の推移

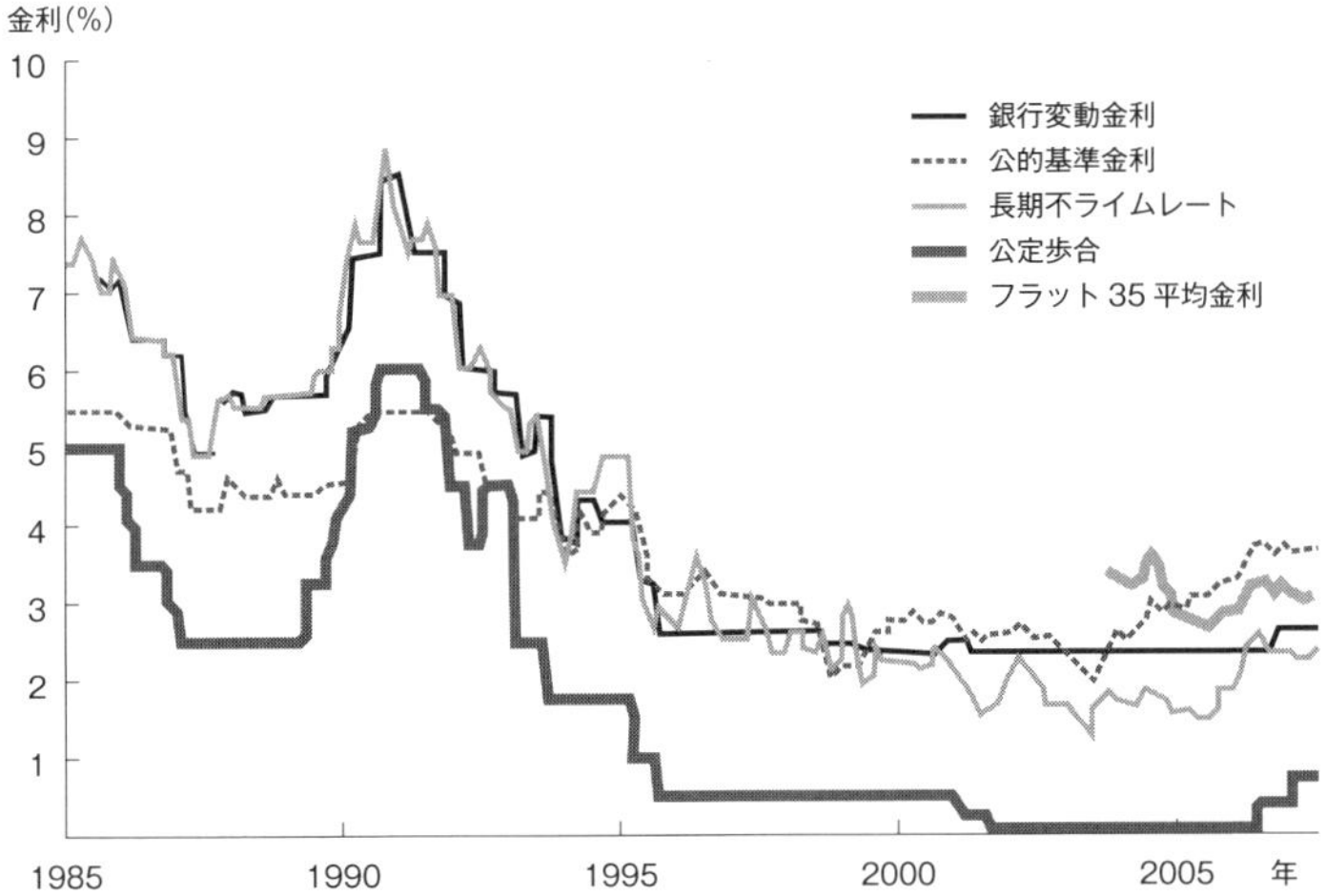


資料提供：イー・ローン

利は歴史的に見ても異例なことで、いつ金利が上昇に転じてもおかしくはありません。

不動産購入時にローンを組む際は、できるだけ低金利のローンから組むようにし、ある程度金利が上昇しても耐えられるように、返済比率（収益に対して、返済額の占める割合。年間元利金返済額÷年間純家賃収入）に余裕を持つようにしましょう。

キャッシュフローを貯金しておき、いざというときの繰上げ返済に備えることも重要です。

なお、繰り上げ返済に関しては、各家庭の家族構成やライフイベントによって、最適な時期や金額が異なりますので、当社では外部のファイナンシャルプランナーとも提携して、個別のライフプランをご提案しています。

# 第6章

# ワンルームマンションで、節税・相続対策

## 節税目的の不動産投資が失敗するワケ

これから不動産投資をはじめようとする方から、「マンション投資をすると節税になるのですか？」という質問をよく受けます。

今から20年以上も前のバブル期には、多くの新築マンション会社が「節税メリット」を全面に打ち出した派手な広告を出し、電話やＤＭなどによる営業活動も活発にしていました。

その結果、「不動産投資は節税になる」という誤ったイメージが広がってしまい、いまだに「ワンルームマンション投資＝節税」という印象が強く残っているようです。

実際に、現在の不動産投資に節税メリットがあるかといわれれば、私の答えは「ＮＯ」です。バブル期に、「節税」をメリットとして打ち出していたのは、当時

# 第6章 ワンルームマンションで、節税・相続対策

の新築ワンルームマンションを買うと、利回りどころか、キャッシュフローが赤字になっていたからです。赤字を出すから、結果的に本業の利益が圧縮されて「節税」になるという仕組みです。

今でも新築マンションを「節税になる」「ローンが終われば資産になる」とうたってセールスを行う業者がいますが、自分が住む家ならともかく、収益物件であえて赤字を出して微々たる節税を狙うよりも、キャッシュフローがプラスになる健全な黒字経営をしながら資産を築いた方がいいに決まっています。

そのような理由から、私は節税目的（主に所得税）の不動産投資はお勧めしていません。

しかし、例外として「相続税」に関しては、今でも不動産投資によって大きな節税効果を得ることができます。

# 相続対策のイロハ

## ◆「分けやすい」ワンルームマンションで相続争いを避ける

相続対策を考えるにあたって「相続しやすい」ということは大事です。相続人である子供が１人であれば、とくに問題はありません。しかし、２人、３人といた場合は、遺産分割で揉めるケースが増えてきます。いわゆる「相続争い」です。資産があったがために家族間で泥沼の争いになり、仲の良かった家族がバラバラになってしまうケースも多いのです。

民法では均等分割ということになっていますが、実際にはそうすんなり割り切れるものではありません。とくにめぼしい相続資産が自宅しかなく、すでに長男が同居して住んでいる場合などは、売って平等に分けることは物理的に不可能です。かといって、分けやすいようにと資産を現金や株式などの金融資産で持っていた場合は、多額の相続税がかかってきます。

そこで、読者の皆さんにお勧めしたいのは、自宅の他に中古ワンルームなどの、区分マンションを持つことです。自宅は長男に、区分マンションは次男に、という風に、すっきりとした相続が可能です。できれば兄弟の数だけ不動産を持てば、分割も公平にシンプルにいきますし、現金化したいときにも、他の不動産に比べて、売却が容易です。

## ◆相続税のルール　現金＞更地＞借家

現金や株などの金融資産よりも不動産の方が、相続税は安く抑えられます。

まず基本ルールとして、相続税の計算方法は額面に対して、税率をかけたものになります。不動産に対しては、建物は固定資産税の評価額（建築費の50～70％

相当）がそのまま該当します。土地の値段（相続税評価額）は路線価（実勢価格の約70～80％）で評価することになっています。不動産を賃貸に出すことにより、借家権を控除しますので、さらに割安になります。

とくに土地の相続税評価額は、更地の状態ではそのままの評価ですが、貸ビル、アパート、賃貸マンションなどの「貸家」の敷地となっている場合は、大幅な評価の減額があります。

例えば、相続税評価額が５０００万円の土地があったとします。その土地に買い手がつけば、そのまま５０００万円かそれ以上で売ることができると考えられます。利用の自由度が高いので、資産価値は最大です。

しかし、そこに建物が建っていて、人に貸していたとすると、その土地の利用の自由度は大きく制限され、自由に売ることもできなくなります。それで更地より、借家の方がその土地の相続税評価額が下がるのです。

これが、土地にアパートやマンションなどの「借家」を建てておくと相続税対策になると言われる理由です。

# 第6章 ワンルームマンションで、節税・相続対策

## 相続と贈与をセットにして考える

贈与税の課税制度には、「暦年課税」と「相続時精算課税」の2つがあります。暦年課税は従来からある基礎控除110万円が適用される制度です。「相続時清算課税」では、贈与時に2500万円もの特別控除が受けられます。

### ◆相続時精算課税のメリット

①2500万円まで贈与税がかからない
②財産を好きなタイミングで、自分の名義に出来る
③贈与を受けた財産から利益を受けることができる（不動産物件による収益も該当）

④相続財産の評価を贈与時の時価で行うため、価格が上昇しても相続税評価額は据え置きになる。将来値上がりすることが予想される財産であれば、より大きな効果が期待できる

⑤贈与する側にとっては、収益を持つ物件を子供に贈与することにより、所得が下がり、所得税・住民税の節税になる

## ◆適用条件

①65歳以上の親から20歳以上の子（贈与の年の1月1日にその年齢であることが要件）への贈与であること（住宅取得等資金の場合には、親の年齢制限なし）

②贈与を受けた年の翌年2月1日～3月15日までの贈与税の申告期間内に、贈与税の申告と合わせて、相続時精算課税選択届出書の提出が必要。一度提出すると、翌年以降の本制度の適用を受ける。尚、届出後の撤回はできない

③課税価格は贈与者毎に計算する必要がある

## ④贈与税率は20％

以上の一定の要件に該当すれば、お得な相続時精算課税を選択することができますが、贈与者が亡くなったときには、遺産にその贈与を受けた財産を加えて、相続税を計算しなければいけません。

このように、相続時精算課税とは、贈与税と相続税を一体化させ、相続時に精算を行なう制度です。高齢者の資産をスムーズに次の世代に渡し、お金が循環することを期待して導入されました。

相続時精算課税を選択した場合、遺産＋先に贈与された資産＝相続税の基礎控除内の場

●相続時精算課税の適用条件

| | |
|---|---|
| 対象者 | 贈与者：65歳以上<br>もらう方：20歳以上の子（推定相続人）<br>※贈与の年の1月1日にその年齢であることが要件 |
| 適用対象財産 | 贈与財産　全額、回数、いずれも制限なし |
| 贈与税額 | 2500万円を越える部分に20%の課税 |
| 適用条件 | 初年度に確定申告が必要 |
| 精算 | 贈与者の相続開始時の「精算課税制度」分の資産は遺産に繰り戻し（その時の評価は贈与時の価格）、相続税を計算する。 |

合には、税金が発生しません。

一方、暦年課税を選択した場合は、2500万円－110万円（控除額）＝2390万円。2390万円×50%－225万円（控除額）＝970万円の贈与税がかかります。

このように使いようによっては非常に大きな節税メリットがある一方で、デメリットもあります。

## ◆相続時精算課税のデメリット

①一度、相続時精算課税を選ぶと、従来からある110万円（基礎控除額）まで税金がかからないという暦年課税制度には戻れない

②買換え資産の取得価格を計算する場合、譲渡した

●相続時精算課税制度のポイント

| 相続税が課税される予定の方 |
| --- |
| ●生前贈与での資産移転でも、相続での資産移転でもトータルの税負担は同じ<br>●突然来る相続とは違い、生前贈与は計画的に実行可能 |
| **相続税が課税されない予定の方** |
| ●非課税枠の限度内の贈与なら贈与税非課税<br>●相続時も非課税 |

資産の取得価格を元に計算するので、減価償却費が低く計上される（贈与者が買換え資産の特例を適用していた場合、適用後の取得価額を引き継ぐため）

③相続税改正の可能性

今後、税制改正により相続税の基礎控除が縮小される可能性があり、相続税がかからないと見込んでいた方にも、相続税がかかってくる可能性がある。

## 地主さん向けの相続対策

相続税はまとめて現金で払うのが原則ですが、額が大きくなると現金の工面が難しいケースも多くなります。現金で相続税を一括納付することが困難な場合には、延納や物納が認められています。

ただし、物納できる財産が複数ある場合であっても、物納申請者が自由に選択して物納できるというわけではなく、決められた物納順位にしたがって物納することになります。

## ◆納税のルール

現金納付…発生時より10ヵ月後までが原則
延納………最長20年間　分割納付
物納………第1順位　国債、地方債、不動産、船舶、不動産のうち物納劣後財産に該当するもの
第2順位　社債、株式、証券投資信託または貸付信託の受益証券、株式のうち物納劣後財産に該当するもの
第3順位　動産

現金で相続税を納めるのではなく物納をしたいと思ったら、前もって準備をし、対策を立てておかなければなりません。早めに、相続関係が得意な税理士や弁護士などの専門家に相談しましょう。

## ◆4つの相続税対策

地主さん向け相続税対策方法は、次の４つがあげられます。

①広大地の適応検討

広大地（５００㎡以上の宅地）は相続税が半額になります。周囲の空地よりはるかに大きい宅地は、開発の際、道路等のつぶれ地が生じるためです。

②物納

土地の物納には条件があります。適応条件には所得制限もありますので、発生前に専門家に相談して対策する必要があります。なお、相続時精算課税制度の適用を受けて相続財産に加算された財産は、物納することができません。
③財産の組み換え
生産性の低い地方の不動産を処分して、首都圏の資産価値の高い不動産に資産の組み替えを行います。法人を設立して所得分散を行います。
④不動産投資を行う
土地や建物を購入し、アパート・マンション経営で相続税対策をする方法。アパートマンション経営により、固定資産税の評価が下がります。

## ◆安易なアパート・マンション建設に注意！

4つの中で、もっとも取りやすい対策は、アパート・マンション経営でしょう。

そのため、大手ハウスメーカーは、「土地を有効活用して、収益を上げながら相続税対策をしましょう！」という営業トークで、地主さんを狙って営業をかけているのです。土地を担保にとれるので、金融機関も積極的に融資を出します。

結果として、郊外・地方に同じようなアパートやマンションが乱立し、需要と供給のバランスが崩れるという深刻な事態がおこっています。「〇年一括借上げ」の甘い言葉に乗せられた地主さん、親世代の「負の遺産」を相続して余計に苦しむ二代目の地主さんもたくさんいます。

## ◆郊外・地方の地主さんなら資産の組換えも有効

フルローンを組んで一棟マンションを建てて相続税を安くすることができても、その土地の賃貸需要が少なく、その後の賃貸経営がうまくいかなければ、子供はいずれ引き継いだ資産を失ってしまいます。

相続税を抑えるために賃貸住宅を建設するのなら、地方の不動産を東京の不動産に買い換えて、東京で賃貸住宅を手に入れても得られる節税効果は同じです。

需要の望めない市場から、需要のある市場へマンション経営を移すことにより、また、収益性の低い不動産から高い不動産への組換えを行うことにより、節税効果ばかりか、これからも資産を生み出してくれる、優良な事業を引き継ぐことが可能になります。

ここで問題になるのは税金です。通常、譲渡益に対して税金が課税されますので、手許に残る買換え資金は譲渡価額から譲渡税、譲渡費用を差し引いた残りということになります。ここで、譲渡して納税後、手許にどれだけ資金が残るか計算してみましょう。

Ａ：譲渡価額
Ｂ：譲渡資産の概算取得費　Ａ×５％（取得費が不明な場合の例）
Ｃ：仲介手数料　Ａ×約３％
Ｄ：その他の費用　印紙代、測量費等　Ａ×１％
Ｅ：譲渡所得税・住民税（Ａ－Ｃ－Ｄ）×20％（所得税15％・住民税５％）

# 第6章 ワンルームマンションで、節税・相続対策

買換え資産に投資できる資金は、単純計算で譲渡価額より22％ダウンすることになります。実際には買換えに諸費用がかかるため、投資資金はさらに目減りすることになります。これでは高収益資産に組換えても、ダウンした資金を取り戻すのは並大抵ではありません。

しかし、「特定の事業用資産の買換えの場合の譲渡所得の課税の特例」（以下、事業用資産の買換え特例）によって、事業用不動産を買い換えた場合は、一定の要件を満たせば税金が軽減されます。

## ◆「事業用資産の買換え特例」を使おう！

「事業用資産の買換え特例」は一定割合が非課税ということではなく、買換えた部分については投資の継続とみなし、買換えた部分のうち一定割合について課税の繰り延べる（買換えた資産を次に譲渡したときに課税）制度です。

例えば一定要件を満たす、10年以上保有した地方の貸駐車場（相続した土地で取得費不明）を1億円で譲渡して、都心に賃貸マンションを同額で購入したとします。

通常では約1820万円の税金がかかりますが、特例を使うと譲渡金額の80％（8000万円分）が課税の繰り延べを受けられ、約364万円の税金で済むことになります。つまり、手許に残る資金は約1456万円も増加することになります。

※この「事業用資産の買換え特例」は、不動産を使った相続対策の中でも重要な税制になりますが、もともとは平成20年12月31日までの時限措置だったものが、延長されて現在に至っています。今後、変更や停止になる可能性もありますので、相続税対策を検討される際には、随時最新の税法をご確認ください（平成23年度税制改正で、平成26年12月31日までの適用延長になっています）。

# 第6章 ワンルームマンションで、節税・相続対策

## ◆資産組換えに中古ワンルームマンションを利用

資産の組換えは、何も一棟のアパートやマンションで持つことにこだわる必要はありません。30戸の一棟マンションを持つのも、中古ワンルームを30戸持つのも、平均利回りが同じならば、得られる利益は同じです。

むしろ、一棟ものと比較した場合、中古ワンルームの複数所有の方が融通がき き、メリットが大きいといえます。

第一のメリットは、先述したように分割がしやすく、相続争いをさけやすいということです。

第二のメリットは、必要な時に売却し、現金化することが容易なことです。

第三のメリットは、複数に分散して持つことにより、リスクを分散できるということです。「卵を一つのかごに盛るな」ということわざがあります。資産を一棟もののアパートやマンションで持っていると、事件や事故、地震や火事などの

トラブルに見舞われたときに、被害が集中してしまいます。また、設備の交換や入退去が同時期に集中する、建物の修繕の負担が大きい、という問題もあります。

一方、バラで複数の中古ワンルームを所有している場合は、一戸に何かトラブルや出費を伴うイベントがあっても、他の物件からの収益で補うことが可能です。

## ◆バルク買い

中古ワンルームを複数所有したい場合は、いい物件が出るのを待ちながら購入していくので、買い集めるのに時間がかかるのが難点です。

まれに、不動産投資家が中古ワンルームをまとめて売却することがあります。いろいろなマンションから1戸ずつ、合わせて30戸を売却などというケースです。

手間をかけたくない場合は、それらのまとまった物件を一気に買うという方法もあります。これを「バルク買い」と呼びます。

融資付けが難しいことから余り一般的ではないのですが、バルク売りする持ち主は売却を急いでいるケースが多いため、タイミングが合えば割安に複数の物件を購入できます。

相続を考えている方は、不動産業者に「バルクの売り物が出たら知らせてほしい」、と伝えておくのも一つの方法です。

## ◆土地を担保にいれての資産の組み換え

いくら相続に有利であっても、先祖伝来の土地を自分の代で売るわけにはいかない、とお考えの地主さんもいます。長らく所有してきた土地に愛着があるのは当然のことです。

その場合でも、何も賃貸経営に向かない自分の土地にアパートやマンションを建てる必要はありません。所有している土地を担保にいれて、融資を受けて東京の不動産を買うという方法もあります。この場合は、土地の売却に関する税金がかかりませんし、借金をすることによってその分課税資産を減らすこともできます。

ただし、ローンの支払いが滞れば、結局は大切な土地を手離す事になってしまいますので、賃貸需要が高い地域に、万一の場合にも売却しやすい物件を吟味して購入することが重要です。

# 第7章

## 賃貸経営の成功は管理次第！

## 管理会社選びが賃貸経営の要！

不動産投資は、物件を購入することがゴールではありません。入居者が決まり、家賃が発生した時点でようやくスタート地点に立つ事が出来るのが不動産投資であり、その戦いは長期にわたるのが通常です。

長く続く賃貸経営を成功させるためには、ビジネスパートナーとして、いかに優秀で信頼できる賃貸不動産管理会社と付き合うかが重要になってきます。

### ◆賃貸管理会社には種類がある

賃貸管理会社と一言でいっても、いくつか種類があり、それぞれに次のようなメリット・デメリットがあります。

第7章 賃貸経営の成功は管理次第！

**①入居者募集から契約業務だけを行う賃貸仲介専門の不動産会社**

メリット……賃貸仲介専門なので、客付け力の強さに期待できる。

デメリット…管理を他で委託しなくてはならない。管理会社とのバトンタッチがうまくなされないと、物件や紹介されたお客さんに対する情報が共有されにくくなる。

**②賃貸や売買の仲介と管理を並立して行っている賃貸管理会社**

メリット……賃貸の仲介と管理を一貫して行うので、管理上のトラブル防止のためにしっかりした入居者審査がされると期待できる。

デメリット…賃貸部門の客付力と、管理部門の管理力のバランスが悪い場合であっても切り離しにくく、トラブルが起きた場合にこじれやすい。

**③仲介は外部委託し、管理のみに特化している管理会社**

メリット……複数の仲介会社に客付けを依頼できる。管理のプロなので、経験豊富でトラブルへの対応力も高いと期待できる。
デメリット…管理が本業で客付けに対する責任は負わないので、他社の賃貸営業との連携がうまくとれない場合などには、空室期間が長引く可能性もある。

## 自主管理は本当におトクか？

客付けは賃貸仲介専門の不動産会社にお願いし、入居後の管理は自分でやる、というオーナーさんもいます。

ワンルームマンションの場合、共用部分の清掃や保守管理はマンションの管理組合がやってくれますし、保証会社を利用していれば賃料の取りはぐれの心配も

# 第7章 賃貸経営の成功は管理次第！

ありません。別段トラブルがなければ、入退去があるまでは管理会社の必要を感じないかもしれません。

しかし、いざトラブルが起こった時が問題なのです。緊急事態が生じたとき、サラリーマンや他の本業を持った方が、すぐにトラブルの解決に動けるでしょうか？

管理会社と契約しておけば、室内の水漏れや設備の故障などのハード面のトラブルから、入居者の鍵の紛失や、騒音やゴミ問題などのソフト面のトラブルまで、賃借人と管理会社間でやりとりして解決してくれるので、自分が動く必要はありません。

また、最近の管理会社は、24時間のコールセンターを設けているところも多いようです。最近はセキュリティ面に注目してマンションを選ぶ方も多いので、24時間、何かあったらすぐに電話ができる、すぐに対応してもらえるという安心感は、入居者さんにとっては大きな魅力になりますし、安心して長く住んでいただけることにも繋がります。

オーナーが自主管理した場合、24時間、いつ電話がなるかわからない状態にして待機することは物理的に不可能です。

なお、当社でも、物件をご購入いただいたお客様に対して、賃貸管理の代行業務を行っています。

- 家賃滞納保証会社との業務提携
- 火災保険や家財保険などの、保険代理店業務
- 24時間コールセンター
- 更新時期のお知らせや毎月の家賃の管理
- 入退去の立会い・精算
- 賃貸仲介
- 日々の入居者とのやり取り
- 毎月の報告書の作成と送付
- 「年間収支報告書」の送付（確定申告に役立ちます）

　これだけの仕事で、管理費は一月３１５０円です。

　不動産投資は、自分がなにもしなくても、お金がお金を稼いでくれる「不労所得」であるところが大きな魅力です。あなたの貴重な時間と、節約できるコスト（３１５０円）の費用対効果を考えたら、管理会社に任せた方が絶対におトクだと思います。

## 良い賃貸管理会社とは？

　賃貸管理会社に今一番求められている能力は、なんといっても客付けの能力です。
　なかなか空室が埋まらない、内見自体がない、自分の物件は後回しにされているのではないか？　そんな大家さんの悩みを聞くことがあります。

同業ですので少々書きづらい部分もあるのですが、管理会社によって、管理物件の入居率はかなり違います。頼りになる管理会社さんか否かを見抜くポイントをいくつかご紹介します。

## ◆管理物件の入居率はどのくらいか？

少なくとも9割以上の実績がある会社に委託すべきだと思います。また、近年は空室に悩むオーナーが管理会社を変更するケースが増えていますので、管理戸数が増えているか減っているかも、その会社の判断基準になります。

## ◆物件の所在地と管理会社の得意エリアが合っているか？

管理会社ごとに、得意としているエリアがあります。すぐにご案内ができる、すぐにトラブルに対応できるなど、任せる管理会社は、物件の所在地に近いにこしたことはありません。

## ◆他社との協力体制はあるか？

近隣の不動産会社へ直接営業し、客付けの依頼をしているかどうか。退去予告があった時点で、広範囲に早めの営業活動を行ってくれれば、空室期間を最短にすることができます。反対に、両手の手数料を狙って自社で抱え込む会社では、空室期間が長引く可能性があります。

## ◆インターネットの不動産ポータルサイトへの掲載はしているか？

今や、お客様の8割以上はインターネットで下調べをしてから不動産会社に訪問しています。ネット掲載をしない会社では決まる確率も大きくダウンします。

## ◆募集図面にやる気があるか？

あなたの物件の魅力を伝えるチラシになっていますか？手書きのいい加減な間取り図や、適当にフォーマットにはめ込んだだけのチラシでは、お客さまの目にとまりません。

## ◆きちんと報告を上げてくるか？

内見が入った、結果はどうだった、お客様の反応はどうだった、という活動の報告を適切にしてくるかどうか。今後、パートナーとして一緒に仕事をしていく以上、うまく連携がとれる、信頼できる相手でないと安心して任せることはできません。

### ◆積極的な改善のアドバイスはあるか？

有能な管理会社は、ただ漠然とお客様をご案内するだけではなく、その反応をフィードバックして、設備や内装などの改善すべき点や、アピールポイントなどをアドバイスしてくれます。

## サブリースは本当に「安心」か？

サブリースとは、又貸し、転貸のことです。

ワンルームマンションで「サブリース」という場合は、サブリース会社とオーナーとの間で賃貸借契約を結び、サブリース会社は空室の場合でもオーナーに家賃の支払いを保証します。

オーナーには、通常家賃の8~9割が支払われ、残りの家賃の差額2~1割がサブリース会社の手数料になり、敷金も通常はサブリース会社が預かります。

サブリースをつけていれば、オーナーは空室リスクの心配から逃れて、安心して賃貸経営ができると言われていますが、実際にはサブリースにからむトラブルも近年増えておりますので、その会社の評判や、実際の契約内容については、よく確認することが重要です。

●一般的なサブリース契約のしくみ

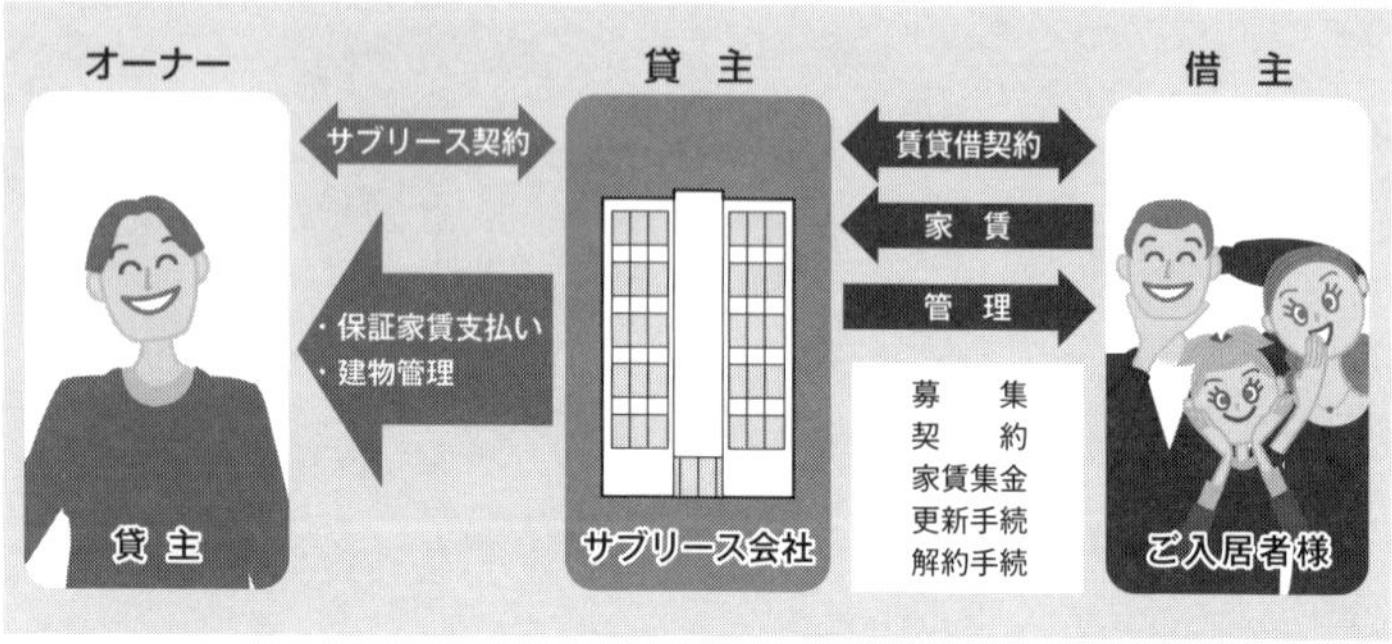

# 第7章 賃貸経営の成功は管理次第！

## ◆サブリース会社の未払い、倒産

これは私の友人が実際に体験したことなのですが、海外赴任が決まったため、不動産会社とサブリース契約を結び自宅を貸したところ、ある時から全く入金がされていなかったそうです。

サブリースだからお任せで安心、とすっかり信用していたため、気がついたときには滞納額は半年分にもなり、結局、業績不振で倒産した不動産会社からは、滞納分の家賃は回収できないままになってしまったそうです。

これと同じことが、数年前に大手のサブリース会社が倒産した際にも起こりました。サブリース会社が倒産した場合は、その会社が預かっていた家賃や敷金は戻ってきません。

また、サブリースは、オーナーとサブリース会社間での賃貸借契約なので、その先の、サブリース会社と賃借人の契約については、個人情報保護を盾に、オーナーにもその契約の詳細を教えてくれない会社があります。

どんな人が、いくらの家賃で自分の物件に住んでいるのかわからない、というのはよく考えると気持ちの悪いものです。

それでも家賃が契約通り振り込まれていれば問題はないのですが、いきなりサブリース会社が倒産してしまった場合には大変です。現在の入居者との連絡がとれない、家賃の支払いをしてもらえない、不良入居者だった等のトラブルの原因にもなっています。

## ◆新築時の特約付き管理会社に注意！

中古ワンルームの中には、新築分譲時に特約契約が結ばれており、違約金を払わないと管理会社の変更やサブリース契約の解除ができないものがあります。

特にトラブルがなければそのまま引き継いでもいいのですが、そのような縛りを入れている会社は何かと問題を抱えている事も多いようです。

# 第7章 賃貸経営の成功は管理次第！

ですから、購入前には、管理会社やサブリースの変更解除が可能かどうか、確認するようにしてください。

また、これとは逆のケースで、一部のデベロッパーでは、新築分譲した投資用ワンルームにサブリースによる賃料保障をしており、実際に賃借人から受け取っているよりも高い賃料をオーナーに支払っている場合があります。

このような逆ざやのサブリースは、管理会社側も早期に解消したいため「オーナーが変わった場合、サブリースは解除する」という契約になっていることが多いようです。

その場合、現在の入居者さんと新オーナーが直接再契約すると、賃料は以前より下がることになります。サブリース契約がついている場合は、単純に家賃が保障されて安心だと思わずに、その契約内容を確認することが重要です。

## ◆売ってはいけないワンルームマンション!?

もっと酷いケースでは、自社のマンションシリーズの値崩れを防ぐために、新築で買ったオーナーさんの売却を阻止しようとするデベロッパーもいます。

売却のためには高い違約金の支払いをオーナーに要求したり、仲介不動産会社にも手をひくよう、圧力をかけてきたりするので、結果としてそのシリーズのマンションは業者間で敬遠され、流通しなくなります。

流動性の高さ、換金性の高さが中古ワンルーム投資のメリットなのに、売却妨害をされるのでは、オーナーさんにとっては大問題です。このようなデベロッパーの物件には「近寄らない、関わらない、購入しない」のが一番です。

通常の物件情報では、なかなかわからない部分なので、購入前に、近隣の不動産会社や管理会社から検討中の物件の評判をヒアリングしたり、マンション名をインターネットで検索して悪い評判がないか調べたりして、できる限りの情報収集をすることが大切です。

# 第7章 賃貸経営の成功は管理次第！

## ◆サブリース契約書の落とし穴

「自社で建設したアパートやマンションには、長期間の借り上げ保証があるので、安定した賃貸経営ができる」とアピールしているデベロッパーがあります。

これだけを聞くと、長期間、同じ家賃で借り上げしてくれると勘違いしがちですが、契約書の詳細を読むと「保証賃料の固定期間は当初△年間。以降は、2年ごとに改訂」などとなっており、将来的な家賃までが保証されているわけではないので注意が必要です。

実際、長期一括借り上げをあてにして需要がない土地にアパートやマンションを建てた大家さんが、保証賃料の固定期間の終了後に、家賃の大幅減額、または借り上げ契約の打ち切りを迫られ、途方にくれるというケースが頻発しています。

なお、仮に契約で「将来的にも家賃は下げない」と明記していた場合でも、空室が目立ち、管理会社の収益が悪化した場合などは、賃料引き下げ要求が行われ

ます。（裁判でも争われたのですが、借地借家法によりサブリース企業側が勝訴しています）

アパート・マンション経営は長期にわたる事業です。将来的に、もしサブリースが打ち切られても、賃貸経営が成り立つのかどうか？ そのような冷静な目で物件選びをし、経営戦略を練ることが必要です。

## 建物管理と賃貸管理

### ◆建物管理

# 第7章 賃貸経営の成功は管理次第！

中古ワンルーム投資を成功させるには、賃貸募集や室内の設備トラブル、クレーム対応などを行う「賃貸管理」と、建物全体の修繕や共用部分の清掃・管理などを行う「建物管理」の2つの管理が良好でなければなりません。

ここまでは主に賃貸管理についてお話ししてきましたが、次に建物の管理についてお話しします。

「建物管理」は、通常管理組合が、管理会社に業務を委託して行っています。各部屋のオーナーが毎月支払っている管理費や修繕積立金がその原資になっています。

具体的には、管理人による管理業務、建物共用部分の清掃、エレベータや消防・電気設備の保守点検、定期的なメンテナンス、10年から20年ごとの大規模修繕計画の立案と実施、管理組合総会の招集や決算報告などを行います。

しかし、投資用ワンルームの場合は、実際にオーナーが居住しているケースは少ないので、白紙委任状が送られてきて、総会の出席者は理事長ほか数名だけ、ということが珍しくありません。このような状況になると、理事長や管理会社が自分たちのやりたいように、または何もしないままに、築年数だけが経っていきます。

結果として、必要な修繕が行われていなかったり、管理費や修繕積立金を滞納するオーナーがいたり、使途不明金があったり、管理不十分で建物が荒廃したりと、折角のマンションの資産価値がどんどん下がっていく状況に陥ります。

## ◆ずさんな建物管理状況を立て直すには

マンションは管理によって、建物のもちや外観が大きく変わるので、資産価値を維持できるような管理の良いマンションを選ぶのが鉄則です。

しかし、実際に中古ワンルームを買う段階になると、良い物件はスピード勝負で売れていってしまうために、じっくりと調べる時間が取れないことも珍しくありません。

大至急、不動産会社に「重要事項に係る調査報告書」を取り寄せてもらっても、

# 第7章 賃貸経営の成功は管理次第！

## ●マンション修繕周期表

| 修繕項目 | | 屋根防水改修 | | | | 外壁等改修 | | 床防水等改修 | | 鉄部等塗装 | | | | | | | 道具・金物等改修 | | | | | | | 共用内部等改修 |
|---|---|---|---|---|---|---|---|---|---|---|---|---|---|---|---|---|---|---|---|---|---|---|---|---|
| | | 陸屋根防水（塔屋共） | | 傾斜屋根防水 | | 一般外部 | 一般天井 | 開放廊下・階段等 | バルコニー | 雨がかり | | | | 非雨がかり部等 | | 非鉄部等 | 手摺関係 | | | 屋外鉄骨階段 | 住戸建具関係 | その他 | | 共用内部等 |
| | | 押えコンクリート防水 | 露出防水 | シングル葺き等 | 金属板葺等 | | | | | 開放廊下手摺 | バルコニー手摺 | その他手摺等 | 屋外鉄骨階段 | 住戸玄関扉 | その他 | | 開放廊下手摺 | バルコニー手摺 | その他手摺等 | | 住戸玄関扉・アルミサッシ等 | 郵便受・笠木・堅樋等 | MBOX・共用建具等 | |
| 修繕周期（年） | 補修 | 12 | 12 | 12 | | 12 | 12 | | | 4 | 4 | 4 | 4 | 6 | 6 | 12 | | | | | 24 | | | |
| | 改修 | 24 | 24 | 24 | 24 | 36 | 36 | 12 | 12 | | | | | | | | 36 | 36 | 36 | 36 | 36 | 24 | 36 | 12 |
| 建築後の経過年数（年） | 1 | | | | | | | | | | | | | | | | | | | | | | | |
| | 2 | | | | | | | | | | | | | | | | | | | | | | | |
| | 3 | | | | | | | | | | | | | | | | | | | | | | | |
| | 4 | | | | | | | | | ○ | ○ | ○ | ○ | | | | | | | | | | | |
| | 5 | | | | | | | | | | | | | | | | | | | | | | | |
| | 6 | | | | | | | | | | | | | ○ | ○ | | | | | | | | | |
| | 7 | | | | | | | | | | | | | | | | | | | | | | | |
| | 8 | | | | | | | | | ○ | ○ | ○ | ○ | | | | | | | | | | | |
| | 9 | | | | | | | | | | | | | | | | | | | | | | | |
| | 10 | | | | | | | | | | | | | | | | | | | | | | | |
| | 11 | | | | | | | | | | | | | | | | | | | | | | | |
| | 12 | ○ | ○ | ○ | | ○ | ○ | ● | ● | ○ | ○ | ○ | ○ | ○ | ○ | ○ | | | | | | | | ● |
| | 13 | | | | | | | | | | | | | | | | | | | | | | | |
| | 14 | | | | | | | | | | | | | | | | | | | | | | | |
| | 15 | | | | | | | | | | | | | | | | | | | | | | | |
| | 16 | | | | | | | | | ○ | ○ | ○ | ○ | | | | | | | | | | | |
| | 17 | | | | | | | | | | | | | | | | | | | | | | | |
| | 18 | | | | | | | | | | | | | ○ | ○ | | | | | | | | | |
| | 19 | | | | | | | | | | | | | | | | | | | | | | | |
| | 20 | | | | | | | | | ○ | ○ | ○ | ○ | | | | | | | | | | | |
| | 21 | | | | | | | | | | | | | | | | | | | | | | | |
| | 22 | | | | | | | | | | | | | | | | | | | | | | | |
| | 23 | | | | | | | | | | | | | | | | | | | | | | | |
| | 24 | ● | ● | ● | ● | ○ | ○ | ● | ● | ○ | ○ | ○ | ○ | ○ | ○ | ○ | | | | | ○ | ● | | ● |
| | 25 | | | | | | | | | | | | | | | | | | | | | | | |
| | 26 | | | | | | | | | | | | | | | | | | | | | | | |
| | 27 | | | | | | | | | | | | | | | | | | | | | | | |
| | 28 | | | | | | | | | ○ | ○ | ○ | ○ | | | | | | | | | | | |
| | 29 | | | | | | | | | | | | | | | | | | | | | | | |
| | 30 | | | | | | | | | | | | | ○ | ○ | | | | | | | | | |

（注）○補修　●改修（交換）

㈶マンション管理センター「マンションの修繕積立金算出マニュアル（04年改定版）」より抜粋

建物について確認できるのは、今までの修繕履歴と、修繕積立金がいくらたまっているか位です。

では、実際にオーナーになってから、建物の管理状況が良くないとわかった場合、どのようにすれば良いのでしょうか。

一番簡単かつ消極的な対処法としては、もし物件の取得価格が相場よりも安く、すぐに売っても損をしないような状況ならば、さっさと売って他を探すことです。あまりに簡単で拍子抜けしてしまうかもしれませんが、その物件に長く関わる義理もないのですから、投資という観点からみれば執着は無用です。

次に、積極的な対処法です。区分物件を購入した時点で、自動的に管理組合のメンバーになりますので、自分が総会に出席して組合員として内部から改善案を出していくのです。

前述したように、投資用ワンルームのオーナーは白紙委任状を出して管理組合の総会に参加しない人が大半なので、自ら立候補して理事長を買って出れば、選任される可能性も高いと思われます。

理事長になれれば、自分が主体になって管理組合を運営し、管理会社の変更や、修繕計画の立て直しを行うことができます。大規模修繕の際に複数の業者から見積もりを取ってコストを抑えたり、外壁や鉄部の塗り替えを行って建物のバリューアップをしたり、管理会社を変更して毎月の管理費を節約したりと、方法はいくつも考えられます。

勉強をして積極的に自分のマンションのために活動すれば、結果として自分の所有物件の資産価値を高めることにつながるのです。

# 第7章 賃貸経営の成功は管理次第！

# 第8章

## 中古ワンルームマンションを高く売るには?

## 「中古ワンルームマンションは8年で売りなさい！」3つの理由

タイトルにもありますように、本書では、中古ワンルームマンション投資の出口を、売却に置いています。

他のワンルームマンション投資指南本などでは、ワンルームマンション＝将来の年金がわりという前提で、こつこつと繰上げ返済をして定年までにローンのないワンルームマンションを複数戸持ち、年金代わりに家賃を受け取りながら一生持ち続ける、というメソッドが多いように思います。

しかし、私があえて「8年後に売りなさい」と申し上げるのにはいくつか理由があります。

第8章 中古ワンルームマンションを高く売るには？

## ◆あまりにも長い未来は予測できない。

今40歳の人が定年をするまでにはあと20年あります。しかし、20年も先の未来が今の常識で測れるものでしょうか？

ちなみに、今年は２０１２年、20年前は１９９２年です。奇しくも、この年に、日本の路線価はピークを記録しています。つまり、土地バブルの頂点です。

20年前に、今の日本の不景気や、地価下落を予測できた人がいたでしょうか？

当時の常識では、地価や家賃は上昇し続けるもの、不動産投資とはキャピタルゲインを狙うものでした。今の常識とは真逆です。

投資には「時間リスク」という考え方があります。計画実現までの期間が長いほど、将来の不確定要素が増え、資金の拘束時間が長いほど、他の投資への機会損失が大きくなるという意味です。

一般に、長期投資＝安全というイメージがあるかもしれませんが、それは長期にわたって経済が成長し続けた時代の話で、それが絶対というわけではありません。

## ◆投資は利益確定してこそ収支が分かる

一定の期限を切らず、ずっとワンルームマンションを保有しつづける、というのは、言いかえればその投資の最後がどうなるのかは、誰にもわからないということです。今の予測では20年後も家賃が5～6万円とれると思っていても、実際には、どうなるかわかりません。

もし将来、今よりも賃貸の需給状況が悪化して家賃が修繕積立金や管理費、固定資産税などの経費を下回る水準まで下がれば、たとえ入居者がいても、持っている限り損をする、マイナス資産になる可能性だってあるのです。

投資の利益は、ある時点では儲かっているように見えても、確定しない限りはあくまでも見込益にすぎないのです。

# 第8章 中古ワンルームマンションを高く売るには？

## ◆定期的な資産の組み換えで、時流にあったポートフォリオが構築できる

私は、首都圏中古ワンルームは、現在最も「ローリスク・ハイリターン」な投資先だと思っています。しかし、唯一無比の、資産のすべてを賭けるべき投資先だとは思っていません。

いくら現時点で最高だからといって、老後に備えて超長期の計画で中古ワンルームを複数買い集めたところで、30年、40年先の未来に「中古ワンルームマンション」というもの自体が陳腐化していたら、取り返しがつかないことになってしまいます。

これから先、もっと良い投資先が出てくるかもしれません。リスクとリターンを懸案して、その投資先がより優れていると判断したら、中古ワンルームだけに固執せず、積極的に資産を組み替えていくべきだと思います。

定期的に自分の資産内容を見直し、その時々の時流にあった、パフォーマンス

のいいポートフォリオを組むことは、結果として資産を守り、増やし続けることにつながります。

このような理由から、私は「8年後」というある程度の見通しがつく、近い未来に売却目標を置いています。

また、「安く買い、高利回りで貸し、高く売る」といううきらめきメソッドでは、購入から8年たっていれば、ローンを組んでいても、「売却額＋累積賃料＞残債」の公式が成り立ち、いつでも手放すことができる状態になっているはずです。

もしもその時点で、まだ物件を保有し、貸し続けるのがベターだと判断すれば、当然ですが、無理に売る必要は全くありません。

漠然と持ち続けるのではなく、常に自分の投資や資産に対して、緊張感を持ってむきあっていただきたい、ということなのです。

# 第8章 中古ワンルームマンションを高く売るには？

## 高く売るには？

では、いざ中古ワンルームマンションを売ると決めた場合、どのような手順で売却を進めれば、より高く売れるのでしょうか。

### ◆転売業者には売らない！

まず注意していただきたいのは、決して転売業者には売らないということです。

転売業者は、なるべく売主さんから安く買い、それを買主さんにできるだけ高く売るのが仕事であり、その差額が儲けになっています。一言でいえば、売る際にはかなり買い叩かれてしまうということです。

それを避けるためには、業者ではなく個人に売ることです。そのためには、不動産会社に売却の仲介を依頼しなくてはなりません。

## ◆中古ワンルームマンションの、売買専門業者に依頼しよう

中古ワンルームは、主に不動産投資家間で売買されるという特殊な事情もありますので、中古ワンルームの扱いに慣れている専門業者で、かつ「売買の仲介」をメインにしているところへ依頼するのが一番です。

専門業者であれば、最新の中古ワンルームの市況や相場を把握していますし、すでに顧客を持っています。当社でも、新しく中古ワンルームの売却依頼があれば、まずは購入希望でお待ちいただいている多くのお客様の中から、条件が合いそうな方にお知らせします。

そのお客様が購入したいと言えば、そこですぐに売買が成立しますので、スピードが速く、確実なのです。

# 第8章 中古ワンルームマンションを高く売るには？

## ◆一般の不動産会社では、歓迎されない場合も……

中古ワンルームの専門業者に売買を依頼した方がいい理由は、それだけではありません。

売買の仲介を依頼した不動産会社への報酬は、売買の仲介手数料になりますが、これは実際に売買契約が成約して初めて発生します。

仲介手数料は、400万円以上の場合は、物件価格の3％＋6万円と決まっています。（物件価格が400万円以下の場合は、200万円以下の部分は物件価格の5％、200万～400万円以下の部分は物件価格の4％が仲介手数料です。）

不動産会社は高い物件を売るほど得られる仲介手数料が上がるのですが、一度の売買仲介にかかる手間は、5000万円の物件でも500万円の物件でもさほど変わりません。

不動産会社の営業マンの多くは、歩合制の給与体系になっていますので、同じ手間をかけるのなら、できれば高額な物件を扱いたいというのが本音です。

よって、一般の不動産会社では、安い中古ワンルームの売買依頼は、あまり歓迎されないこともあるのです。

## ◆売却時期を選ぶ

中古ワンルームマンションは、オーナーチェンジで入居者がいるまま売買されることが多いため、実需向けの不動産ほど引っ越しシーズンには左右されません。年間を通じていつでも売却可能です。

ただし、空室物件の場合は、進学や就職で上京する方の実需ニーズが高まる一月～三月に合わせて売った方

●物件価格と仲介手数料

| 200万円以下の部分 | 200万円超～400万円以下の部分 | 400万円超の部分 |
|---|---|---|
| 5% | 4% | 3% |

・仲介手数料は、物件価格が400万円以上の場合は、物件価格×3%+6万円と簡易計算できます。
・仲介手数料には別途消費税がかかります。

が、高く売れる可能性が高いと言えます。

## ◆バリューアップで高く売る

空室物件の売却は、工夫次第で物件の価値を上げて高く売るチャンスにつながります。

単なる原状回復ではなく、内装デザインにこだわってリフォームする、すぐに生活できるよう家具・家電つきにするなどの工夫で、今までよりも高い家賃で入居者を入れてから売却をすれば、利回りに比例して高く売ることができます。

特に、実需で物件を購入する層は、自分が住むだけにより物件の質にこだわりますので、デザインリフォームが高い訴求効果を発揮します。

なお、当社でも、費用対効果の高いデザインリフォームのご提案や、インテリアデザイナーのご紹介を行っています。

ご参考までに、当社のデザインリフォームの、事例写真をいくつかご紹介します。

きらめき不動産HPより

第8章 中古ワンルームマンションを高く売るには？

# マンション売却の諸費用・必要書類・税金など

マンションの売却時に必要な費用や書類、税金をご紹介します。

中古ワンルーム市場は非常に動きが速いのが特徴です。すぐに申し込み→契約となっても良いように、前もって準備をしておきましょう。

## ◆マンション売却時に必要な費用

●仲介手数料

仲介手数料とは、売買を仲介した不動産会社に支払う手数料のことです。具体的な金額は、物件価格が４００万円以上の場合「成約価格×３％＋６万円」です。その価格に加え消費税等が別に発生します。

●抵当権抹消費用
マンションのローンが残っている場合には、ローンの残債清算後、抵当権の抹消に費用がかかります。（約2万円程度）

## ◆マンション売却時の必要書類

●権利書
●住民票・実印・印鑑証明
住民票は、現住所と登記上の住所がことなる場合に必要になります。
※マンションの共有者がいる場合、共有者分も必要になります。
【必須ではないが、あれば持参するもの】
●固定資産税の納税通知書
●管理規約／使用細則／総会資料
●分譲時のパンフレットや設備・備品の説明書

●ローン返済予定表

## ◆マンション売却にかかる税金

●印紙税

印紙税は物件の売買価格によってその金額が異なります。本体価格が500万円以下の場合は2000円、1000万円以下の場合1万円、同様に5000万円以下1万5000円となります。ここでいう本体価格とは売買価格から消費税を引いたものです。また印紙税は原則、売主と買主で折半となります。

●譲渡所得税

譲渡所得税とは、物件の売却価格が取得価格を超えたときに、利益に対して課税されるものです。なお、

●譲渡所得税

| | | | | |
|---|---|---|---|---|
| 分離短期譲渡所得 | 土地等・建物等 | 5年以下 | 申告分離課税 | 30%（住民税 9%） |
| 分離長期譲渡所得 | | 5年超 | | 15%（住民税 5%） |

所有期間が5年を超えているか否かで、課税率が変わってきます。

なお、所有期間は、「譲渡した年の1月1日現在」で5年か否か判断されます。所有期間が満で5年間を超えていても、1月1日をまたいでいない場合には税法上は4年間と判断される可能性がありますのでご注意ください。

●住民税

住民税とは、住所地の都道府県と市区町村に納める、2つの地方税を合計したものをいいます。

## 【参考文献】

『中古ワンルームは「東京 23 区」を買いなさい !』
重吉 勉　かんき出版

『中古ワンルームマンションで収益を上げる !』
重吉 勉　かんき出版

『東京の中古ワンルームを 3 戸持ちなさい』
重吉 勉　かんき出版

『サラリーマン大家さんが本音で語る中古マンション投資の極意（お宝不動産セミナーブック）』
芦沢 晃　筑摩書房

『ワンルームマンション投資法 改訂第 3 版』
野中 清志　週刊住宅新聞社

『誰も教えてくれなかった中古ワンルームマンション投資の秘密』
大関 真悟　秀和システム

『資産家でなくても OK　いきなりプラス収支の中古マンション投資術』
窪島 健悟　ダイヤモンド社

『マンガ だまされないワンルームマンション売買入門（Business Book Series）』
石井 勝利 , 二宮 博彦　ジャパンミックス

## ◆あとがき

本文にもありましたが私がこの業界に入ったのは今から約7年前の２００３年です。当時は今からは想像も出来ないくらいいわゆるエンドユーザーと呼ばれる一般投資家の方の数が少なく、たまに問い合わせをしてくるお客様もセミプロのような方ばかりで当時の上司からは「エンドの相手などするな」と言われておりました。

そもそもエンドというその呼び方が何故エンドなのかと尋ねると一番最後に買う人だからとのこと。それはすなわち流通の一番最後に位置しており、それまでに関わる業者の利益が乗った状態での価格で購入することを意味しています。

私の仕事は業界用語で言うところの「ブッ上げ業」なので情報としては一番川

# あとがき

上に位置するものの、その情報が直接市場に公開されないことに対してとても違和感を覚えていました。

時が経ち現在2011年末、当時からは想像もつかないほど一般顧客が増加しお陰様で会社を創立して4年目を健全な形で経営が出来ております。

とはいえ、まだ不動産市場、特に中古ワンルーム流通市場は不透明な部分が多いのも事実です。昨年には全国賃貸住宅新聞社主催のビックサイトで行われる賃貸住宅フェアや、ネクスト社が主催するホームズ不動産投資フェアにブースを出し、「流通革命」という文字の入ったハッピを社員全員できてパンフレットを配りました。また、弊社のホームページ上で実際の業務内容である売主様への電話アプローチ方法を動画で配信したりと、他社がやらないことを積極的に行ってきました。

動画配信を始めた時には、「あいつは頭がおかしくなったのか?」などと厳し

い声を同業他社の方から言われたりもしました。また「この業界はある程度クローズな方が色々と都合がいいんだよ」などという言葉も多く耳にしました。

しかしながら、時代の流れを見ていく中で今後情報をクローズにしても限度があり、それであればいっそどこよりもオープンにしてしまった方が面白いのでは？　と感じたのです。弊社が毎月開催しているセミナーでは実際に売主様にアプローチして交渉する生音声を聞いて頂いたりもしています。参加者の方からは、今までよくわかってなかった業界内の立ち位置の違いがとてもよく理解できたなど、非常にありがたい言葉を頂戴しています。このセミナーは今後とも継続していこうと考えてます。

今後、オープンな業者がもっと増え、株式市場のような透明性のある取引市場が形成され、それにより投資家の数も今以上に増加する時代が来ることを願って、終わりの言葉とさせて頂きます

# あとがき

本書の執筆に当たり、スタジオフリークの中畑さん、河西さんには本当にお世話になりました。またお二人との出会いの場となった週末不動産塾のコミュニティにも感謝いたします。対談に協力して頂いたひおぽうさん、色々と勉強の機会を与えて頂き有難うございます。普段お取引をしてくださる投資家様、お取引先業者様、懇意にしてくださる司法書士の先生、リフォーム業者様、皆様方の存在なくして弊社の存在はありえません。

そして日々きらめき不動産というチームで仕事をしている社員の皆さん、不動産取引の仕事はちょっとゲーム感覚のような感じがあり日々にぎやかにやっていますが、今後とも世に必要とされる法人組織を維持継続成長させるために責任持って舵取りしますので、まだまだ未熟なトップではありますがちゃんとついてきてくださいね。最後に自分を影から支えてくれる家族に感謝。

二〇一二年二月　後藤聡志

●著者紹介

1976年1月7日埼玉県生まれ。私立獨協大学卒業後、在学中に貯めた100万円を原資に、1年間をオーストラリアで過ごす。帰国後、趣味を生かして旅行会社、サーファー向けメディア会社などに勤務。27歳の時、スノーボードで複雑骨折したため、結婚し療養生活を送る。「金持ち父さん　貧乏父さん」（ロバートキヨサキ著）を読み、投資や不動産に目覚め、不動産業界に転職。完全歩合制営業として数社にて研鑽をつみ、トップ営業マンとして販売記録を樹立。2008年7月きらめき不動産株式会社を創業、中古ワンルームマンションの仲介に特化し「売主様はより高く売り、買主様はより安く買う」という顧客本位の営業で実績を伸ばし設立4年で売却物件の顧客委託率・神奈川県ナンバー１に（東日本不動産流通機構調べ）。市場の歪み・業界の慣行等、様々な既成概念を覆し、株式市場のような多くの人が気軽に参加することの出来るマーケットをつくることを目標に、中古ワン ルーム投資セミナーや、中古ワンルームマンションのオーナー同士の交流会なども積極的に主催している。

**後藤　聡志（きらめき不動産株式会社 代表取締役）**
〒231-0006　神奈川県横浜市中区南仲通4-46-1
電話　045-633-3463（代表）　0800-111-1108（お客様相談室）

# ワンルームマンションは8年で売りなさい

初版発行　2012年2月14日

著　　者　後藤　聡志（きらめき不動産）
発 行 者　河西　保夫
発 行 所　株式会社クラブハウス
〒107-0062　東京都港区南青山5-17-2
TEL 03-5766-5514（代）
FAX 03-3498-5340

編集協力　河西　麻衣・中畑　慶衣子（スタジオフリーク）
デザイン　中畑　慶衣子（スタジオフリーク）


ISBN978-4-906496-46-4